Devenons des AS pour nos enfants

À MAEVA ET SES PARENTS,

EN SOUHAITANT QUE
CE LIVRE SAURA VOUS
INSPIRER.

BONNE LECTURE!

Stéphane

Éditeur délégué : Les Communications Jean Couture inc.

Correction : Céline Hostiou et Brigitte Lépine

Conception graphique de la couverture : Ann-Sophie Caouette

Maquette : Julie St-Laurent

Infographie : Stéphane Losq

Photographie de la couverture : Shutterstock

Photographie de l'auteur : Christine Bourgier

Illustrations de Gustave et de Stéphane : Stacy Bensa

ISBN : 978-2-924402-20-7

Dépôt légal - Bibliothèque et Archives nationales du Québec, 2015

Dépôt légal - Bibliothèque et Archives Canada, 2015

Imprimé au Québec

Stéphane Paradis

PRÉFACE DE MARINA ORSINI

Devenons des AS pour nos enfants

Collaboration à la rédaction : Jean Couture

édito

Je ne retomberai jamais en enfance.
J'y suis toujours resté.

Tristan Bernard, écrivain français.

Préface

Mon frère de cause !

Mes frères de cause !

C'est ainsi que nous nous sommes baptisés dès notre première rencontre, Stéphane, Gustave et moi, il y a plusieurs années déjà, lui avec Gustave & Compagnie, moi avec Tel-jeunes. La cause des enfants, de nos enfants.

J'ai toujours considéré que nous avions tous un rôle important à jouer dans la vie des jeunes. Comme parents évidemment mais également comme enseignants, intervenants, oncles et tantes, voisins et amis.

Nos chers enfants! Ceux que nous avons portés avec notre amour, nos rêves, nos espoirs et notre volonté de rendre le monde meilleur. « Élever » des enfants. Le mot le dit si bien. « Les élever » vers leurs plus hauts et leurs plus beaux sommets. C'est le plus grand rôle de ma vie et le voyage le plus mystérieux que j'ai eu à faire jusqu'à présent. Les enfants font appel à tout ce que l'on est mais aussi tout ce que l'on n'est pas. Ils nous obligent aussi à « nous élever ». À devenir meilleurs. À donner le meilleur de nous-mêmes. Il ne devrait pas en être autrement de toute façon. Nos parents avaient raison quand ils nous disaient : « Tu comprendras le jour où, à ton tour, tu seras parent ».

Nous sous-estimons trop souvent l'importance que nous avons aux yeux de nos enfants et la place que nous occupons dans leur cœur. Nous sommes le guide et l'exemple ainsi que la lanterne qui éclaire le chemin, le regard qui va leur confirmer qu'ils sont dignes d'être aimés.

Nous oublions trop vite que nous aussi étions, dans un passé pas si lointain, dans le monde de l'enfance. Il est important d'y retourner de temps à autre. De se remémorer les sentiments qui nous habitaient à l'époque où nous avions 6, 9, 12 ans. Quelle était notre réalité ? Notre situation familiale ? Nous sentions-nous aimés, protégés, importants aux yeux des autres ? En l'occurrence, aux yeux de nos parents ?

N'en déplaise à certains, tout part de l'enfance. Voire même du ventre de la mère !

C'est la case de départ, la première marche, le laboratoire du début, le lieu de tous les possibles.

Puis vient l'école. Le lieu le plus important après la première case, une fois le cordon coupé. Vous, enseignants, devez concevoir votre rôle comme celui des intervenants les plus importants après les parents. Vous êtes ceux qui poursuivent le voyage de départ. Vous êtes ceux qui allument l'étincelle du savoir, piquent le gène de la curiosité. Vous êtes ceux qui rendent merveilleux la découverte de la vie et de l'autre, et la possibilité que l'enfant ait accès à ses rêves. Même les plus fous !

J'adore l'adage qui dit : « Il faut tout un village pour élever un enfant. » Nous, adultes, sommes les grands élus de l'avenir de nos enfants. Tâchons de prendre au sérieux notre rôle. Soyons dignes de leur respect et leur amour. Donnons-leur des ailes pour atteindre leurs plus beaux et leurs plus hauts sommets.

Bravo, Stéphane, pour ce livre. Tu nous donnes un accès privilégié au quotidien de nos enfants. Une observation fine, réalisée par le trou de serrure de leur classe, à laquelle nous avons rarement accès.

Merci pour l'immense tendresse que tu portes à nos enfants.

Merci de rendre leur vie plus magique.

Merci pour toutes ces étincelles de bonheur que tu allumes au quotidien.

Marina Orsini

Comédienne, animatrice et porte-parole de Tel-jeunes.

Trésors méconnus

À l'ère où avoir des amis se limite à un décompte sur Facebook, où les occupations les plus enviées se résument à « devenir riche » et « passer à la télé », où les préoccupations les plus courantes se bornent aux chances du Canadien de faire les séries ou au temps qu'il fera demain, qu'en est-il des jeunes que, par amour, conviction ou par choix, nous avons mission d'accompagner et de révéler à eux-mêmes ?

Ne serions-nous pas en train de nous enliser, à la maison comme à l'école, dans une forme de désaffection et de fatalisme, laissant du coup les ficelles du plus insidieux des pièges, celui du désenchantement et du décrochage, se resserrer, lentement mais sûrement, sur l'avenir de ceux et celles qui sont en quête d'identité et de reconnaissance ? Aurions-nous oublié que, en tant que parents, enseignants, éducateurs, instructeurs, animateurs ou formateurs, nous sommes des façonneurs d'avenir et des créateurs de bonheurs d'enfance ?

Depuis plus de dix ans que j'anime des ateliers sur les fondements de l'estime de soi, je touche du doigt – et du cœur, surtout ! – les innombrables trésors qui se cachent au fond des milliers de jeunes de cinq à treize ans qui prennent place sur les bancs de nos écoles chaque matin. Ces contacts privilégiés me donnent aussi l'occasion de mesurer les profonds tiraillements et les multiples inconforts que trop de jeunes, par refoulement accumulé ou crainte de l'opprobre, peinent ou se refusent à exprimer.

C'est à ces résistances et ces non-dits mais surtout à l'immense potentiel et aux trésors cachés de ces enfants que j'ai choisi de faire écho à travers les divers portraits rassemblés dans les pages qui suivent. Ce faisant, je souhaite non seulement attester de réalités qui demeurent trop souvent ignorées ou occultées mais également inviter ceux et celles qui ont charge d'élever et d'éduquer à porter leur regard au-delà des contingences et des contretemps qui les amènent parfois à sous-estimer l'influence capitale qu'ils sont en mesure d'exercer sur les jeunes.

LE PARI DE L'ÉTINCELLE

« L'enfant n'est pas un vase qu'on remplit mais un feu qu'on allume », rappelle avec à-propos Cécile B. Loupan, une conseillère de renom, dont les recherches et les observations ont conduit plus d'un parent et d'un éducateur à voir sous un autre jour ceux et celles qu'ils étaient appelés à accompagner. Or, élever autrement, éduquer autrement et enseigner autrement exigent que l'adulte placé en situation d'autorité prenne le pari de devenir lui-même la différence, permettant ainsi à l'enfant ou au jeune placé devant lui de reconnaître sa valeur et d'accéder à son plein potentiel.

Et pour arriver à incarner cette différence, il importe que celui qui a tâche d'instruire ou d'éduquer demeure essentiellement ce qu'il est, avec ses talents et ses qualités mais également avec ses limites et ses défauts. Sinon, ses interventions risquent de se limiter à une simple transmission de connaissances ou à un rabâchage de permissions et d'interdits. Mais comment inviter un jeune à accepter sa différence et à l'assumer pleinement, si, en tant que parents ou éducateurs, nous laissons s'introduire un décalage entre ce que nous sommes et ce que nous donnons à voir ?

Mon héritage familial et mon expérience professionnelle m'ont appris que c'est en reprenant contact avec celui ou celle que nous étions nous-mêmes à huit, dix ou douze ans, qu'il nous est possible d'établir une relation dégagée et authentique avec les enfants et les jeunes que nous sommes appelés à former, accompagner et... aimer ! Ce n'est qu'à cette condition que l'on peut aspirer à devenir un ***AS*** – un ***A***dulte ***S***ignifiant – c'est-à-dire un de ces allumeurs d'étincelles en mesure de révéler le trésor qui sommeille dans le cœur de ceux et celles qui sont à l'âge de toutes les aspirations et de toutes les attentes. Mais encore importe-t-il de reconnaître la matière qui ne demande qu'à être consumée, de même que les braises qui nécessitent parfois d'être attisées.

APPROCHE SINGULIÈRE

Comme je n'ai qu'une toute petite heure pour établir le contact avec les enfants et les jeunes devant qui je me présente, j'ai depuis longtemps recours à deux artifices d'animation qui me permettent de surprendre, de capter l'attention et de me mettre à leur diapason. Un premier, que je nomme affectueusement Gustave, est formé par la reproduction de deux grands yeux empreints de candeur et de joie de vivre que je remue grâce aux mouvements combinés de mes doigts, et à qui je prête voix à la manière d'un ventriloque. Le second relève de l'humour, que vient mettre en évidence un flamboyant nez de clown, qui une fois porté à mon visage lors de mon entrée en salle de classe, ne manque pas de susciter l'étonnement et l'intérêt souhaités.

Spécialiste du rire et de la grimace, Gustave se veut l'expression bien vivante de mon cœur d'enfant. Tout droit sorti de mon imagination, il est une espèce d'alter ego, de prolongement de ma folie, de face cachée de ce que je suis. Par le biais de ses pitreries et de ses facéties, il ne manque jamais une occasion de me rappeler à ma réalité lorsque, par pudeur ou par débordement d'enthousiasme, il m'arrive de m'en éloigner. C'est également grâce à lui que je parviens à amener ceux et celles qui se retrouvent devant moi à s'ouvrir et à se percevoir autrement.

Sous l'oeil de Gustave

Ce que Stéphane ne vous dit pas, c'est qu'il est un fan fini de l'école ; un *real*, un naturel, un vrai de vrai. Un groupie de tous ceux et celles qui font de l'enseignement et de l'éducation une vocation et une mission. S'il n'avait eu crainte de se rendre ridicule, je crois qu'il aurait passé sa vie sur les bancs d'école. Mais comme il n'a jamais été capable de faire le deuil de ses rêves, il s'est finalement inventé un métier de façon à se retrouver en salle de classe pratiquement tous les jours.

La connivence que nous avons développée nous a amenés, il y a de cela plus de dix ans, à nous associer dans la grande aventure de Gustave & Compagnie, dont l'objectif est d'éveiller et de raffermir l'intérêt des cinq à treize ans envers tout ce qui touche l'apprentissage et la découverte de ce qui fait leur unicité. À l'invitation des enseignants et des directions d'établissement, nous parcourons les écoles du Québec, débordant parfois même hors frontières, afin de partager notre passion pour les études et pour tout ce qui a trait au développement harmonieux de l'être humain. Et comme l'éducation est affaire de famille et de collectivité, nous prononçons également des conférences pour les parents, les enseignants, les éducateurs, les animateurs, les entraîneurs, de même que toute personne préoccupée par le mieux-être des jeunes.

Bien que d'aucuns – dont Stéphane, qui n'en rate pas une – tenteront de vous faire croire que je suis une marionnette, n'en croyez rien. Je me définis plutôt comme celui qui donne à voir le côté givré de l'adulte logique et rationnel, l'expression spontanée et intuitive de ce que les adultes hésitent à révéler au grand jour. Vous êtes donc avertis. En vous intéressant à nos aventures, il y a de fortes chances que vous découvriez, à votre tour, le Gustave intérieur qui sommeille en vous !

EFFET MIROIR

Les portraits-témoignages ici rassemblés ne manqueront pas de vous étonner et de vous ébranler, et peut-être même de vous faire rire et pleurer. Bien que, pour assurer la confidentialité, la plupart des prénoms et des noms aient été modifiés, les faits de vie, pour leur part, sont rapportés avec un constant souci de conformité et de vérité. En acceptant de nous compromettre de la sorte, Gustave et moi faisons le pari qu'il est plus que jamais possible de transformer le déplorable désintéressement en enthousiasme contagieux et l'inertie ambiante en une dynamique inspirante et prometteuse.

Invitation est donc lancée à quiconque est appelé à tracer la voie, à montrer le chemin, à motiver, à guider et à transmettre des valeurs, de s'approprier ce qui lui apparaît d'intérêt pour la mission dans laquelle il se trouve engagé. Puissiez-vous trouver dans ces pages une source d'inspiration vous permettant, au-delà des théories creuses et des approches convenues, de renforcer – ou peut-être même découvrir – l'***A***dulte ***S***ignifiant que vous êtes déjà ou qui sommeille en vous.

ATTITUDES L.E.A.D.E.R.S

Pour vous aider à vous rapprocher de vous-même et à raffermir les liens que vous entretenez déjà ou que vous comptez établir avec les enfants et les jeunes appelés à prendre place dans votre vie, vous trouverez, en complément à chaque portrait-témoignage, de courts appendices intitulés *Attitudes L.E.A.D.E.R.S.* Beaucoup plus qu'une façon d'exercer une forme ou l'autre d'ascendant, l'expression présentée sous forme d'acrostiche – ***L***es ***E***x-enfants (parents, enseignants, éducateurs, etc.) qui ***A***ident ***D***es ***E***nfants à ***R***éaliser qu'ils sont ***S***péciaux –, se réfère à ce pouvoir de fasciner et de façonner qui, par nature et par mission, est conféré à tout adulte soucieux du sort et de l'avenir des jeunes.

Les propositions qui s'y retrouvent sont inspirées d'exercices expérimentés avec succès dans le cadre des ateliers portant sur les fondements de l'estime de soi que j'anime en compagnie de Gustave dans les écoles. Il s'agit de suggestions simples et facilement applicables, inspirées tout autant de la naïveté de Gustave que de mon désir de vous seconder dans votre noble tâche. Elles font valoir des approches et des comportements à adopter afin de renforcer, d'une part, les compétences d'un ***A***dulte ***S***ignifiant et, d'autre part, l'estime personnelle des jeunes concernés.

En complément à ces *Attitudes L.E.A.D.E.R.S.*, sous la rubrique *Rappels inspirants* sont également reproduites quelques phrases-clés faisant office de fenêtres d'accès au portrait-témoignage qui précède autant que de formules de rappel.

Puisse l'ensemble de ces suggestions, en vous aidant à renouveler le regard que vous portez sur les enfants et les jeunes qui vous entourent, leur renvoyer une image positive et stimulante de ce qu'ils sont.

Bienvenue donc dans le fascinant univers de Gustave & Compagnie. Que les témoignages ici rassemblés vous aident à renouveler les mots que vous prononcez, les intonations que vous empruntez et les regards que vous posez, de façon à créer un espace où l'enfant et le jeune se sentiront aimés et aimables.

Beaucoup plus qu'une question d'éducation et d'apprentissage, il s'agit là d'une question d'édification mutuelle !

Samuel

La reconnaissance identitaire

Plus qu'un concours de circonstances, qu'une surprise du genre de celles que nous réserve parfois la vie, c'est le type d'événement qui nous marque à jamais.

Nous sommes aux premières heures d'une magnifique journée de mai et voilà que je me retrouve devant une trentaine de frimousses de cinquième année de niveau primaire dans le cadre d'un atelier exploratoire ayant pour thème *Avenir, profession et estime de soi*. L'événement s'avère d'autant plus singulier qu'il s'agit seulement de ma deuxième animation du genre en carrière. Je suis saisi de trac comme si c'était la première fois que je me présentais devant public.

Le tout se déroule cependant sans histoire jusqu'à ce que, en fin de présentation, je demande aux élèves de me faire part de leur plus grand rêve. De carrière, on s'entend. Les réponses ne tardent pas à se faire aussi variées qu'étonnantes : policière, comédien, chanteuse, mécanicien, avocate, joueur de hockey...

Après que se sont bousculées les réponses évoquant les professions et les métiers les plus divers, je me tourne vers Samuel qui, les yeux baissés et le regard absent, n'a pas dit mot depuis le début de l'animation. « Accepterais-tu de nous partager ton plus grand rêve, Samuel ? » Silence et bouche cousue. « J'aimerais beaucoup connaître ce à quoi tu aspires pour ta vie, tu sais. Et je suis convaincu qu'il en est de même pour tout le monde, ici dans la classe » que je me permets d'ajouter. Aucune réponse ni réaction de sa part. Pas même un clignement d'œil. Je sens qu'insister davantage serait lui faire violence. Je décide alors de me tourner vers quelqu'un d'autre.

Mais voilà qu'au moment même où je m'apprête à m'adresser à son voisin de droite, Samuel lève la tête. Eh non, que je me dis, il n'est ni sourd ni muet ! Peut-être un peu timide ou simplement hésitant devant la réaction possible de ses camarades aux révélations qu'il s'apprête à faire. L'essentiel, au fond, c'est qu'il se lance. Fausse joie. Après un nouveau silence m'apparaissant d'une longueur interminable, le garçon plonge son regard dans le mien et, les yeux pleins d'eau, se décide enfin, d'une voix faible et tremblante, à garrocher ce qui lui noue la voix et le cœur depuis si longtemps : « Tu veux le savoir c'est quoi mon plus grand rêve… Eh bien ! C'est de me faire appeler par mon prénom ! »

Son aveu m'atteint au cœur comme un couteau. Samuel vient de s'exprimer comme s'il jouait sa vie, comme s'il n'avait plus rien à perdre. Tandis qu'il soutient mon regard sans broncher, tous ceux et celles qui l'entourent – sans exception – cherchent un endroit où poser les yeux. Le plancher, dans les circonstances, leur apparaissant l'horizon le plus rassurant. « Ils font tous un vilain jeu de mots avec son nom de famille », me chuchote à l'oreille l'enseignante, d'autant plus bouleversée que c'est la première fois qu'elle le voit en parler aussi ouvertement.

Abasourdi, je tente pour ma part de trouver les mots susceptibles de le rassurer : « Je pense que tes camarades ont compris le message, Samuel. Ce que tu viens de faire, ça s'appelle s'affirmer. Je suis vraiment fier de toi et je pense que tu peux l'être tout autant. Maintenant que tu nous as dit ce qui te pesait si lourd sur le cœur, veux-tu rester avec nous jusqu'à la fin de l'atelier ou préfères-tu te retirer avec ton institutrice, question de digérer la sortie que tu viens de faire ? »

Bien que ce fussent là les dernières paroles que nous nous sommes adressées, Samuel demeura à sa place jusqu'à la fin de l'animation. Pourquoi a-t-il choisi ce moment-là pour transgresser l'isolement dans lequel il était emmuré depuis si longtemps ? Avais-je trop insisté pour qu'il se révèle devant tous ceux et celles qui lui faisaient la vie dure ? Le temps allait rapidement apporter réponse à mes questions.

Trois semaines plus tard, je reçois une grande enveloppe remplie de feuilles détachées, de cartons et de bricolages de toutes sortes en provenance des élèves de la classe de… Samuel. Il s'agit là du genre de cadeau qui produit immanquablement chez moi le même effet. Que des enfants prennent le temps de me faire connaître ce qu'ils ont vécu en atelier m'émeut profondément. D'autant plus lorsque nous y avons vécu des émotions particulièrement intenses.

Connaissant la provenance de l'enveloppe en question, je me sens saisi d'une fébrilité d'autant plus grande. Les témoignages sont tous accompagnés d'un dessin ou d'un collage aux couleurs vives. Tous, sauf un. Celui de Samuel. Court et dénudé, sans fioritures ni traits de crayon, il n'en cache pas moins de profonds états d'âme :

Merci d'être venu, Stéphane. Grâce à toi, maintenant les personnes m'appellent par mon prénom, et j'ai adoré ta représentation de l'école. De quelqu'un qui t'a trouvé intéressant et comique, Samuel. J'en étais littéralement bouleversé.

Des Samuel, nous en connaissons tous. Peut-être en avons-nous été un ? Peut-être avons-nous aussi fait partie de ceux qui prenaient plaisir à bafouer le nom ou le prénom de quelqu'un, lui refusant du fait une part importante de son identité, de sa valeur, de son unicité. Pour la plupart d'entre nous qui expérimentons, comme le chante si bien Ginette Reno, qu'un « des plus beaux cadeaux que nous ait fait la vie, c'est quand notre prénom a l'air d'un mot gentil * », il est important de ne jamais oublier que l'utilisation correcte et répétée du prénom peut avoir un effet aussi inestimable qu'imprévisible. Que ce soit dans une salle de classe, dans un milieu de travail, dans des activités de loisir ou au sein d'une famille.

Sous l'oeil de Gustave

Dans le cadre des nombreuses tournées que nous effectuons dans les écoles, Stéphane exige à chaque fois que le prénom de chacun des élèves auxquels on lui demande de s'adresser soit préalablement affiché, bien en vue, sur le devant de leur table de travail. Comme il

* Chanson *L'essentiel*, paroles de Charles Aznavour sur une musique de Michel Jourdan.

le dit lui-même, « Je ne peux jamais deviner le moment où je pourrais être appelé à faire la rencontre d'un autre Samuel ! » La formule ne manque d'ailleurs jamais de faire son effet. Je ne compte plus le nombre d'enfants qui s'étonnent – avec bonheur – de se voir appeler par leur prénom alors que nous venons tout juste de faire leur connaissance.

Gilles, un directeur d'école primaire maintenant à la retraite, et qui a généreusement accompagné Stéphane dans l'élaboration de ses ateliers, avait bien saisi le principe. Il accueillait ses 325 élèves, chaque matin à leur entrée, en les interpellant tous par leur prénom ! « Comment arrivez-vous à vous souvenir de tout ça ? », lui a demandé Stéphane un beau jour, alors que nous nous apprêtions à animer une série d'ateliers dans son établissement. « Je prends les mois de septembre et octobre pour réviser mes listes d'élèves ! », avait répondu cet ***A***dulte ***S***ignifiant, visiblement fier de la faculté qu'il avait développée.

Stéphane se montre également rassurant vis-à-vis des parents qui se demandent s'il est convenable de doter leur enfant d'un sobriquet affectueux du genre « ma cocotte » ou « mon p'tit loup ». Loin des diminutifs et des surnoms à double sens qui n'ont pour seul objet que de rabaisser et de blesser, il s'empresse de lever toute ambiguïté en précisant que l'utilisation de petits mots doux se compare en tout point à un cadeau tendu à l'enfant, à une caresse offerte à son oreille et à son cœur.

J'abonde d'ailleurs dans son sens. Si l'usage d'un surnom est animé d'une intention affectueuse, ayant pour but de mettre en valeur l'enfant concerné, si ce petit câlin verbal produit des résonnances s'apparentant à du respect et à de la considération, cette pratique vaut non seulement d'être admise mais également encouragée ! Stéphane est de ceux qui peuvent en témoigner, lui que sa mère se plaisait à appeler « mon p'tit gars » !

L'influence que nous sommes en mesure d'exercer sur un enfant ou sur un jeune dépend de la qualité de la relation que nous établissons ou développons avec lui. Dans cette perspective, l'usage adéquat de son prénom peut s'avérer un outil d'une grande efficacité lorsque vient le temps d'approfondir les échanges. Il s'agit d'une façon de faire qui devrait servir de règle.

Un prénom prononcé avec chaleur et bienveillance peut calmer une tempête, ramener un sourire, attendrir les plus récalcitrants, séduire les plus résistants et valoriser les plus méfiants. Souvent formulé comme une appellation sans autre importance, il n'en possède pas moins un pouvoir magique. L'utiliser, c'est s'en convaincre !

Si, par mégarde, il vous arrivait d'oublier d'en faire usage, courez vite chercher votre baguette et n'hésitez surtout pas à jeter de grands sorts à ceux et celles qui n'attendent souvent que ce genre de prodiges pour reconnaître enfin ce qu'ils sont.

Ce sont tous les Samuel de ce monde qui vous en seront reconnaissants !

Personne ne peut vous diminuer sans que vous y consentiez.

Eleanor Roosevelt,
ancienne Première dame des États-Unis.

ATTITUDES L.E.A.D.E.R.S.

Comme le fait voir la situation évoquée dans ce portrait-témoignage, la façon dont on fait usage du prénom de quelqu'un peut s'avérer déterminante pour la représentation qu'il se fera de lui-même. ***L***es ***E***x-enfants qui ***A***ident ***D***es ***E***nfants à ***R***éaliser qu'ils sont ***S***péciaux s'appliqueront à faire usage du prénom d'un enfant ou d'un jeune de façon respectueuse, en toutes circonstances et en tous lieux. Ce faisant, l'enfant sera en mesure d'en conclure que son prénom est un cadeau qui lui est propre et qui mérite considération, peu importe s'il prête ou non à interprétation.

La familiarité qu'entraîne l'utilisation, affable ou irrespectueuse, des noms et des prénoms conduit à poser la question du vouvoiement dans les écoles. Ayant grandi dans un milieu où l'utilisation du pronom personnel de la deuxième personne du pluriel constituait la norme en présence d'un individu qui nous était inconnu, peu familier ou faisant figure d'autorité, il m'est difficile de ne pas reconnaître quelque vertu à l'emploi du *vous* en milieu scolaire.

Que l'on soit réfractaire ou non à l'usage du vouvoiement au sein de la relation élève-enseignant, force est de reconnaître que certaines écoles ayant fait ce choix ont constaté un renforcement tangible du respect qui en est résulté ou qui s'en est vu renforcé par la suite. Encore là, tout est une question de ton et d'intention sous-jacente. Une interpellation formulée en faisant usage du *vous*, émanant d'un désir réel et authentique d'entrer en relation avec l'autre, aura toutes les chances de bonifier les liens établis. En revanche, un *vous* creux et formulé sans conviction risque de conférer aux échanges un caractère désobligeant.

Le véritable enjeu se situe par conséquent davantage dans le contenu que dans le contenant. Peu importe s'il s'agit de la deuxième personne du singulier ou du pluriel...

Rappels inspirants

- ✔ Un prénom prononcé avec chaleur et bienveillance peut calmer une tempête, ramener un sourire, attendrir les plus récalcitrants, séduire les plus résistants et valoriser les plus méfiants.
- ✔ Un enfant ou un jeune qui se verra interpeller avec considération et respect sera en mesure d'en conclure que son prénom est un cadeau qui lui est propre et qui mérite considération, peu importe s'il prête ou non à interprétation.
- ✔ Lorsqu'elle n'a pas comme objet d'exclure ou de ridiculiser, l'utilisation de petits mots doux se compare en tout point à un cadeau tendu à l'enfant, à une caresse offerte à son oreille et à son cœur.

Marie-Soleil

L'abandon ravageur

En entrant dans l'école, mon regard s'est posé spontanément sur elle. J'avais même peine à m'en détacher. Des cheveux blonds comme les blés à la veille des moissons, des joues roses comme vin de Provence, un chiot en peluche bien lové au creux de la pochette avant de sa salopette multicolore, elle avait tout de la fillette de cinq ans qui inspire spontanément la bienveillance et l'attendrissement. « Marie-Soleil », fit Nathalie, son enseignante, lorsqu'elle se rendit compte de la fascination que l'enfant exerçait sur moi.

Un prénom aux couleurs de cette magnifique matinée d'octobre. Une de ces journées où Gustave et moi étions habités du sentiment de pratiquer le plus gratifiant métier du monde : amener les adultes de demain à prendre conscience des immenses trésors qui se cachent en eux. S'il est de ces jours où nous nous interrogeons sur la portée de nos gestes, celui-ci se gardait bien de laisser voir la moindre remise en question.

À notre arrivée, nous avons repris notre petit rituel coutumier : poignée de main au directeur de l'établissement, salutation à la secrétaire en poste et échange informel avec le concierge de la place. La spontanéité et la courtoisie des échanges avec ces maîtres de lieux laissaient clairement entrevoir une journée des plus prometteuses. D'autant plus que le local de madame Nathalie, où allait se tenir le premier atelier inscrit à notre horaire, respirait l'insouciance et la joie de vivre.

« Il y a cependant Marie-Soleil, me fit-elle comme réponse, lorsque je lui demandai s'il y avait de ses protégés qui auraient besoin d'une petite attention personnelle de la part des deux énergumènes qui s'apprêtaient à se donner en spectacle devant eux. Depuis quelques jours, elle est beaucoup plus songeuse et morose qu'à son habitude… Et il n'y a pas de quoi s'en étonner. Pour tout vous dire, poursuivit-elle en constatant mon étonnement, sa mère l'a laissée pour compte le week-end dernier. Elle lui a annoncé – comme ça, au téléphone, sans plus d'avertissement – qu'elle quittait famille et pays pour ne plus revenir. Depuis, malgré l'impression qu'elle peut parfois dégager, notre petit rayon de soleil n'est plus tout à fait le même… »

J'avais beau compter des milliers d'ateliers et de conférences à mon actif, cette mise en contexte me laissa tout simplement sans voix. Même si je savais qu'il y a des parents qui vivent des problèmes se situant parfois aux limites de l'intenable, je n'arrivais tout simplement pas à imaginer qu'une mère puisse abandonner ce qui constitue la chair de sa chair, le sang de son sang. Bien que le père restât présent auprès de l'enfant – malgré le fait que, lui aussi, devait s'accommoder de circonstances pour le moins déstabilisantes –, j'imaginais facilement les allures de fin du monde que pouvait prendre la vie de celle qui tenait littéralement tout le monde sous son charme.

Ainsi, au moment où il m'était demandé d'insuffler un peu d'inspiration à cette quinzaine de petites frimousses aux allures de chérubins, je me retrouvais pratiquement sans moyens. Pour une des premières fois de ma carrière, je me suis même demandé si j'arriverais à faire abstraction de ce qui venait de m'être révélé. Heureusement, les impératifs de l'horaire allaient me rappeler aux exigences qui m'attendaient. « Le temps de vous annoncer et tout ce petit monde est à vous pour la prochaine heure », me lança l'enseignante de maternelle, tout en aidant le plus grand à se moucher.

Prenant à deux mains ce qu'il me restait de courage et de contenance, j'entrai en salle sous le regard à la fois étonné et inquisiteur de quinze paires d'yeux qui n'en avaient que pour mes espadrilles rouge bonbon et mon nez de clown. « Un magicien ? Un extraterrestre ? », les entendis-je penser à travers le silence entourant mon arrivée. Sans doute guidé par ma bonne étoile, les liens se tissèrent rapidement et la magie se mit à opérer sans que Gustave et moi ayons à renforcer notre dose de pitreries habituelles.

« Princesse », me répondit Marie-Soleil lorsque je lui demandai le nom du chiot qu'elle enveloppait si précieusement de ses deux petits bras depuis le début de l'atelier. Elle m'aurait annoncé qu'il s'agissait de Caresse ou de Tendresse que je n'aurais pas été plus conquis. Princesse, sûrement ce qu'elle aurait voulu représenter pour sa maman, me suis-je dit en voyant apparaître une petite lueur au coin de l'œil de celle qui ne demandait pas mieux que de se laisser aller à la folie à laquelle Gustave et moi l'invitions.

Finalement, c'est au travers des rires et des sourires de celle dont le prénom évoque à lui seul le bonheur et la joie de vivre que je trouvai l'inspiration et l'élan pour faire de cet atelier la bougie d'allumage qu'il s'est toujours proposé d'être pour les plus éteints comme pour les plus atteints. Une fois de plus, je pris la mesure de l'insondable capacité de résilience dont peuvent faire preuve les tout-petits – aussi blessés soient-ils – chaque fois qu'un adulte leur renvoie une image positive d'eux-mêmes. Un mot, un regard – une intonation même ! – suffisent pour faire de nouveau apparaître une étincelle dans leurs yeux.

C'est d'ailleurs ce qui me permet, malgré toutes les désillusions que peuvent entraîner certaines situations, de ne jamais perdre espoir et de trouver l'énergie nécessaire pour contrecarrer l'indifférence et l'individualisme ambiants.

Sous l'oeil de Gustave

Une situation aussi insoutenable que celle de Marie-Soleil est heureusement rarissime. Mais des exemples à ce point renversants qui, en plus d'arracher l'âme et le cœur, nous plongent au creux des zones les plus obscures de la nature humaine, Stéphane et moi en aurions des centaines à relater.

Comme lors de cet atelier au cours duquel deux jeunes d'une dizaine d'années se sont laissés aller à des confidences pour le moins troublantes. Après que Stéphane eut achevé le récit de la séparation de ses parents, Zoé reprit spontanément, de toute la candeur dont elle était capable : « Moi, on m'a dit que j'étais une erreur... » Ce qui plongea non seulement mon ami dans la stupéfaction la plus totale, mais qui laissa littéralement médusés ses camarades de classe qui l'apprenaient en même temps que nous.

« Tu sais, Zoé, si tu n'étais pas là aujourd'hui, la classe ne serait vraiment pas la même. Personne ici, de tous tes amis, n'aurait le bonheur de te connaître, reprit Stéphane, profondément remué, dans le cadre d'un échange rempli d'émotion. Chacun représente un morceau – nécessaire et unique – de ce qui constitue le plus grand puzzle au monde. Tout être vivant mérite la place qui lui revient dans ce casse-tête », poursuivit-il en pensant ainsi déposer un baume sur les importants dommages collatéraux qu'avait causé dans le cœur de Zoé le malheureux aveu de ses parents. C'était ignorer le lourd secret que s'apprêtait à révéler Charles-Alexandre, assis tout près. « Moi, on m'a dit que j'étais un accident... »

Des déclarations comme celles-ci changent invariablement le cours d'un atelier. Confrontés à des drames aussi personnels, il importe de s'ajuster à ce que vivent ces enfants et ces jeunes qui prennent le risque de se compromettre à ce point. C'est pourquoi Stéphane refuse systématiquement toute demande qui lui est faite de s'adresser à de grands rassemblements. « Non, je ne m'adresse qu'à des petits groupes déjà constitués. » Il préfère référer des demandes de ce genre à d'autres intervenants qui s'en font une spécialité.

Pour lui, une classe, c'est comme une famille. D'où l'importance de ne pas se retrouver avec plus d'une vingtaine d'élèves à la fois. Ce contexte, plus intime, et offrant davantage de proximité avec chacun, lui permet de réagir de façon plus adaptée et plus personnelle avec une Zoé, un Charles-Alexandre ou tout autre jeune à qui on a eu l'indécence de dire qu'ils étaient une erreur ou un accident.

Depuis ce jeudi matin d'octobre en Lanaudière, je n'ai jamais pu oublier le visage de Marie-Soleil et, surtout, le drame qui se vivait en elle. Que de fois ai-je souhaité qu'elle trouve sur sa route un ***A***dulte ***S***ignifiant avec lequel elle puisse réinvestir sa confiance et déverser son trop-plein d'amour. Mes préoccupations se trouvent cependant apaisées du fait que nous sommes tous, chacun à notre façon, cet ***AS*** en mesure de redonner à tous ces *accidents* de la nature et à toutes ces *erreurs* de l'amour l'estime d'eux-mêmes qu'on leur a si brutalement subtilisée.

J'ai en effet encore la naïveté de croire qu'un héros se cache derrière tout enseignant qui cherche à faire une différence, qui tente de façonner l'avenir de nos jeunes à grands coups de respect, de valorisation et d'autorité assumée. Qu'un géant habite tout parent soucieux de transmettre à son enfant – par des gestes et des engagements plutôt que par des artifices et des interdits – des valeurs humaines en mesure d'élever ceux et celles qu'il a mis au monde au-dessus de considérations strictement pratiques ou aveuglément braquées sur les apparences.

Qu'un sage est tapi dans la personne de tout policier soucieux d'ennoblir son métier par des interventions inspirées et inspirantes. Qu'un magicien opère à travers l'approche de l'humoriste qui, par la finesse et l'élégance de son humour, nous sensibilise à des aspects d'une réalité qui nous échappent trop souvent. Et qu'un visionnaire inspire les actions du politicien qui refuse de faire quelque concession que ce soit à la transparence et aux engagements qu'il a pris.

Il faut tout un village pour élever un enfant. C'est ce qui me permet de croire que la petite Marie-Soleil n'est plus seule, avec sa petite chienne en peluche, à ruminer l'annonce crève-cœur de sa mère. Il nous appartient à nous, villageois que nous sommes tous, de faire en sorte que chaque enfant placé sur notre chemin prenne conscience de sa valeur et de l'immense trésor qui se cache en lui. Encore faut-il cependant que nous percevions l'urgence de saisir les petites mains qui se tendent vers nous.

Sinon, nous risquons d'abandonner à notre tour toutes les Marie-Soleil et leur Princesse dans des châteaux beaucoup trop grands pour leurs petits cœurs...

Il est grand temps de rallumer les étoiles.

Guillaume Apollinaire, poète et écrivain français.

ATTITUDES L.E.A.D.E.R.S.

L'***A***dulte ***S***ignifiant que nous sommes tous possède une clé au pouvoir inestimable : celui de changer une vie, de faire éclore un potentiel ignoré, dissimulé ou refoulé. En tant qu'***E***x-enfants qui ***A***ident ***D***es ***E***nfants à ***R***éaliser qu'ils sont ***S***péciaux, il est de notre devoir d'amener jeunes et enfants à s'attribuer la valeur qui leur est propre, de manière à ce qu'ils puissent se construire une estime personnelle sur laquelle ils pourront s'appuyer leur vie durant.

C'est en les gratifiant d'un regard bienveillant, résolument dirigé sur leurs forces et sur ce qui fait d'eux des personnes uniques et appréciables en toutes choses, que des L.E.A.D.E.R.S. arriveront à raviver l'étincelle enfouie dans les replis du cœur des Marie-Soleil de ce monde. Ils seront alors à l'image de ces spécialistes de la décoration intérieure qui, à travers ce récit de provenance anonyme que je considère particulièrement évocateur de ce que devrait être l'estime de soi, ont amené un enfant à prendre conscience du trésor qui l'habitait et qu'il était lui-même.

Ma maison

Elle était jolie, cette maison que j'habitais depuis des années. On la reconnaissait à son toit de bardeaux et à ses grandes fenêtres ouvertes sur l'extérieur. Pourtant, je ne m'y sentais pas bien.

Pendant mon enfance, je ne la voyais pas vraiment. Je ne me préoccupais pas de l'enjoliver ni d'apprécier ses beautés. Pendant longtemps, j'y étais presque insensible. J'y vivais par habitude.

Lorsque quelqu'un me faisait remarquer qu'un objet décoratif était plus ou moins joli, je n'y portais pas attention ; ou plutôt, je ne *voulais* pas y porter attention. Alors, je le cachais ou bien je ne le regardais plus, mais tôt ou tard cet objet refaisait surface, par je ne sais quelle magie.

J'y vivais comme un automate. Lorsque quelqu'un me complimentait sur un élément particulièrement agréable ou même de grand prix, je rougissais, disant que ce n'était rien, sinon une illusion. Puis, un jour, je ne sais pour quelle raison, cette maison si familière devint pour moi, tout à coup, inhabitable.

Je me mis à la détester, je la fuyais, je ne lui trouvais plus rien de beau. Je la sentais comme hantée, habitée par une maladie que je croyais incurable. J'avais beau fuir, cette maison me suivait. J'aurais voulu la démolir.

Je la voyais si laide que je pensais qu'elle devait disparaître. Jusqu'au jour où, sur mon chemin, j'ai croisé des spécialistes en décoration intérieure. Je les ai fait entrer dans ma maison que je trouvais laide et, eux, ils l'ont trouvée belle.

Ils m'ont fait ressortir les plus belles décorations que j'avais cachées au fond du sous-sol. Non seulement je les avais oubliées mais lorsque je les ai redécouvertes, j'ai eu peine à croire qu'elles m'avaient déjà appartenu, ces petites choses qui rendent pourtant la vie si agréable.

Je me suis mis au travail. Avec l'aide de ces décorateurs, j'ai fini par sélectionner de belles trouvailles que, maintenant, je mets en vue ; non pas pour les montrer aux autres dans le but de susciter leur envie mais bien plus pour les voir et les admirer moi-même. Quelle satisfaction de redécouvrir ces trésors que je croyais à jamais disparus !

Cette maison, je continue maintenant de l'embellir. Elle n'a pas d'adresse et ne coûte pas un sou à chauffer, même en hiver. J'y habite seul, mais j'y reçois beaucoup de visite, puisque maintenant je laisse les portes ouvertes. J'ai définitivement jeté le cadenas qui l'a si longtemps gardée fermée.

Rappels inspirants

- ✔ Il faut tout un village pour élever un enfant. Il nous appartient à nous, villageois que nous sommes, de faire en sorte que chaque enfant placé sur notre chemin prenne conscience de sa valeur et de l'immense trésor qui se cache en lui.
- ✔ Nous sommes tous, chacun à notre façon, cet ***A***dulte ***S***ignifiant en mesure de redonner à tous ces accidents de la nature et à toutes ces erreurs de l'amour l'estime d'eux-mêmes qu'on leur a si brutalement subtilisée.
- ✔ En tant qu'***E***x-enfants qui ***A***ident ***D***es ***E***nfants à ***R***éaliser qu'ils sont ***S***péciaux, il est de notre devoir d'amener jeunes et enfants à s'attribuer la valeur qui leur est propre, de manière à ce qu'ils puissent se construire une estime personnelle sur laquelle ils pourront s'appuyer leur vie durant.

Michel
L'audace révélatrice

« On n'est jamais si bien servi que par soi-même. » Ce dicton est particulièrement évocateur du genre d'expérience qu'a vécue Michel alors qu'il n'était âgé que de onze ans.

Passionné de tout ce qui pouvait être prétexte à jouer – sports, musique, divertissements éducatifs –, Michel avait pris l'habitude, depuis qu'il avait fait son entrée à l'école, c'est-à-dire cinq années bien comptées, de rentrer à toute vitesse à la maison dès que la cloche annonçant la fin des cours avait sonné. Sa hâte de se retrouver devant le petit écran s'expliquait par le culte qu'il portait aux *Satellipopettes*, l'émission jeunesse phare de l'époque.

Ce jeu télévisé, diffusé sur ce qu'on appelait alors le Canal 10 ou Télé-Métropole – devenu depuis le réseau TVA –, offrait l'occasion à des jeunes du primaire, en provenance des quatre coins du Québec, de se livrer compétition selon une formule tout aussi amusante que ludique. Chaque fois qu'une équipe remportait un des jeux-questionnaires conçus pour l'occasion, elle se voyait remettre un morceau de robot. Dès que l'une d'elles en avait achevé un, elle était déclarée gagnante.

Le tout était dirigé et animé de main de maître par le populaire Capitaine Cosmos, forme de croisement entre un astronaute un peu déluré et un personnage de science-fiction, incarné par le comédien Claude Steben. Ce dernier avait l'habitude de faire abondamment usage du célèbre « Que la force soit avec toi ! », expression empruntée, avec les autorisations d'usage, aux producteurs de *La Guerre des étoiles*, le mégasuccès du box-office de l'époque.

Bien qu'il s'en soit caché jusque-là, Michel rêvait depuis longtemps de faire partie de ceux qui se retrouvaient en studio. Mais pour ce faire, il devait s'assurer la collaboration de son enseignante qui, selon les règles de participation de l'émission, était la seule autorisée à présenter des demandes en ce sens. Il suffisait qu'elle forme une équipe avec quatre de ses élèves pour que les candidatures soient prises en considération. Ce que Michel, malgré quelques hésitations, se décida à lui demander.

« T'as un formulaire, quelque chose ? » répondit Nicole, l'institutrice en question, après que Michel eut formulé sa grande demande. « En fait, ils disent à la télé que c'est toi, en tant que responsable de notre formation, qui dois appeler à Montréal pour faire les inscriptions. Voudrais-tu… s'il te plaît… Je suis convaincu que Julie, Caroline et Marco seraient prêts à faire équipe avec moi. Je peux aller leur en parler… tout de suite, si tu veux ! »

Visiblement embarrassée, et surtout ennuyée, par la demande de Michel, l'enseignante, sans toutefois opposer de refus catégorique, laissa en suspens la requête dans l'espoir manifeste que les attentes de son Satellipopette en herbe s'estomperaient avec le temps.

Mais c'était là bien mal connaître le jeune élève de cinquième. Conscient que le temps qui filait amenuisait ses chances d'être choisi, il décida, après que de nouvelles représentations auprès de madame Nicole se furent heurtées au même désintérêt, à s'adresser directement à celle qui était responsable des lieux.

« Puisque tu me dis que c'est elle qui doit procéder aux inscriptions, je te promets de lui en parler », lui fit comme réponse la directrice de l'école. Ce qui eut l'heur de raviver les espoirs de Michel, mais, en contrepartie, d'indisposer encore plus celle qui s'était jusque-là montrée plus attentive à sa description de tâches qu'aux désirs, on ne peut plus légitimes, de ceux et celles qu'elle avait pour mission, non seulement d'instruire, mais également d'éduquer à la vie. « Qu'est-ce que tu me déçois ! ajouta-t-elle à ses remontrances. C'est à moi que tu dois t'adresser lorsque tu as besoin de quelque chose, et à personne d'autre. J'espère que tu m'as bien comprise. »

Le terme *déception* serait réducteur pour rendre compte des sentiments qui habitaient Michel à la suite de la réprimande qui lui fut servie. Le regard fixé au sol et les larmes au bord des yeux, il ne pouvait s'empêcher de conclure de cette expérience que : *primo*, un rêve n'est pas toujours fait pour être réalisé ; *secundo*, persévérer ne s'avère pas toujours la solution la plus indiquée ; *tertio*, que l'autorité n'est pas un gage d'ouverture et de compréhension ; et que, *quarto*, la vie risquait d'être passablement moche si c'était là sa façon de s'articuler.

Heureusement, Michel avait une mère qui n'avait pas attendu l'obtention d'un doctorat en psychopédagogie pour assumer pleinement son rôle d'***A***dulte ***S***ignifiant. « Bien sûr que tu peux t'essayer, mon garçon. Rien ne t'en empêche. Viens, je vais te montrer comment faire », lui dit-elle après que Michel lui eut fait part de son désir d'appeler lui-même au numéro indiqué au bas de l'écran télé. Une fois notées les coordonnées en question, Michel s'exécuta sur-le-champ.

« Télé-Métropole, bonjour ! » répondit une voix à l'autre bout du fil. « Euh... Oui... J'aimerais parler à monsieur Raymond Turcotte, s'il vous plaît », bredouilla Michel, habité d'une détermination qui dépassait largement les quelques hésitations qu'il pouvait nourrir. « Oui, allô, Raymond Turcotte à l'appareil... » Michel n'en croyait pas ses oreilles. Il avait monsieur Turcotte – LE recherchiste en chef de l'émission – comme ça, en chair et en son, au téléphone, sans qu'on ait cherché à l'empêcher de le joindre parce qu'il était trop jeune pour déranger des gens aussi importants.

« Monsieur Turcotte, je suis vraiment content de vous parler. C'est que Nicole, ma maîtresse d'école, dit ne pas avoir le temps de m'inscrire à l'émission. J'ai dix ans – enfin, presque onze – et comme je désire plus que tout au monde participer aux *Satellipopettes*, j'ai pensé que vous pourriez m'aider. » Ce qui fit s'esclaffer celui qui avait la charge de choisir les équipes appelées à s'affronter en studio. « Pardonne-moi, dit-il à son jeune interlocuteur, au bout de quelques secondes, je suis juste un peu surpris. Tu es le premier élève à me téléphoner, comme ça, directement, pour obtenir une place. Attends-moi une minute, je reviens tout de suite. »

Lors de la reprise des échanges, Michel fut invité à répondre à quelques questions d'usage : nom, adresse, date de naissance, numéro de téléphone, école fréquentée, niveau scolaire, motivations pour s'inscrire, etc. Un exercice qui ne dura guère plus de cinq minutes. Cinq petites minutes pour que le rêve qu'il caressait depuis si longtemps passe de l'univers des vues de l'esprit à celui de tous les possibles. Pour Michel, peu importe ce qui allait suivre, c'était mission accomplie : son nom était inscrit quelque part dans les fichiers de l'émission qu'il chérissait par-dessus tout. Tout le reste ne constituerait que plus-value au capital de confiance et d'assurance qu'il venait d'acquérir.

À son retour de l'école, quelque deux semaines plus tard, le jeune passionné de jeux télévisés fut accueilli par une mère dont le sourire laissait facilement transparaître le bonheur et la fierté qui l'habitaient : « Devine qui vient tout juste de téléphoner ? » lui dit-elle, avant même qu'il ait franchi le seuil de la porte. Comme dans les contes de fées – Michel y croyait encore, d'ailleurs ! – sa détermination venait de porter ses fruits : toute la famille était officiellement convoquée à Montréal, aux studios de Télé-Métropole, pour l'enregistrement de trois émissions de la série. À condition, bien évidemment, que l'enseignante concernée s'acquitte de la tâche qui lui incombait. Ce qui, malgré quelques réticences nullement escamotées, fut finalement fait.

Après avoir parcouru la distance séparant la « grande ville » du petit patelin qui l'avait vu naître et le voyait grandir, Michel fut accueilli sur le plateau de télé avec tous les égards qui sont dus à ceux qui savent faire montre d'initiative et d'audace lorsque la situation l'exige. « Si ce n'est pas notre jeune participant de la région des Bois-Francs », lui lança Raymond Turcotte, visiblement heureux de mettre un visage sur la voix qui l'avait à la fois séduit et fait rire.

Sous l'œil de Gustave

Si Michel a gagné ce jour-là ? Bien sûr que oui ! Même si ses camarades, de leur côté, n'ont pas réussi à enlever les grands honneurs, notre émule du Capitaine Cosmos, en parvenant à assembler le robot Mat, s'est mérité un imposant dictionnaire Bélisle 1974 dont il a depuis perdu la trace. Mais au-delà de cette performance plus qu'honorable, sa plus grande victoire – c'est lui-même qui le dit ! – relève beaucoup plus du chemin parcouru que de l'objectif atteint. Chacune des étapes l'ayant conduit à occuper un des lutrins réservés aux joueurs en présence s'est en effet avérée une occasion privilégiée d'apprendre et de découvrir en lui des ressources personnelles dont il ignorait l'existence même.

De cette expérience, Michel a retenu plus d'une leçon. *Primo*, ne jamais laisser ses ambitions, aussi grandes soient-elles, dépendre de qui que ce soit d'autre. Un jour, on vous fait la courte échelle, et le lendemain, on vous laisse en plan. La débrouillardise, ce n'est pas fait uniquement pour les aventuriers et les sans-peurs.

Secundo, que les entraves apparaissent pas mal moins redoutables lorsqu'elles sont perçues comme des défis plutôt que comme des problèmes. Contrairement à ce que l'on en vient trop souvent à penser, la crainte n'est pas toujours bonne conseillère ; il est de ces moments où il importe d'oser.

Tertio, que la mise en action appelle parfois à poser des gestes qui sortent de l'ordinaire, qui nous écartent de notre zone de confort. Pas d'audace, pas de Raymond Turcotte, pas de *Satellipopettes* !

Quarto, que c'est notre capacité d'émerveillement qui donne de la perspective aux jours qui sont appelés à se suivre. Qu'il importe, pour faire corps et cœur avec la vie, de quitter le sol des yeux, de scruter l'horizon et de garder l'œil ouvert. Une façon efficace et éprouvée de se mettre en marche et d'avancer.

« On n'est jamais si bien servi que par soi-même. » Le conseil, si tant est qu'on puisse le qualifier ainsi, est tiré d'une pièce du prolifique et talentueux auteur français Charles-Guillaume Étienne, qui vécut de la fin du XVIIIe siècle au milieu du XIXe. Durant la Révolution française, alors âgé d'une douzaine d'années, il occupa des fonctions administratives et il entreprit, quelques années plus tard, une carrière de journaliste à Paris. Il aurait pu se satisfaire de la sécurité que lui offrait sa nouvelle profession, mais il s'en détourna rapidement pour se consacrer à sa passion initiale, l'art dramatique. Nombre de ses pièces gagnèrent spontanément la faveur populaire, ce qui lui valut d'accompagner Napoléon dans plusieurs de ses campagnes militaires et de se mériter une place à la prestigieuse Académie française.

Si Charles-Guillaume Étienne jouit d'une notoriété au point de voir une de ses citations répertoriées parmi les grands classiques, c'est qu'il ne s'est jamais laissé décourager par ceux et celles qui, considérant l'insécurité sociopolitique prévalant à l'époque, auraient peut-être préféré qu'il fasse preuve d'un peu plus de retenue dans ses ambitions.

« Bien sûr que tu peux t'essayer, mon garçon ; rien ne t'en empêche. » Si Michel a réussi à se rendre à Montréal – l'autre bout du monde dans sa petite tête d'enfant ! – pour devenir un Satellipopette d'un jour, c'est qu'il a eu la chance, d'abord, d'avoir une mère qui lui a fait confiance et, par la suite, de rencontrer un recherchiste suffisamment allumé pour reconnaître, même à distance, la flamme qui l'animait. Des gestes – et des attitudes, surtout ! – qui n'ont pas manqué de porter leurs fruits.

Michel est aujourd'hui enseignant à l'école primaire de son quartier. Il rappelle à qui veut l'entendre – photos à l'appui ! – sa participation aux *Satellipopettes* avec un enthousiasme comparable à celui d'un athlète olympique évoquant la marque ayant fait de lui un champion de sa discipline. S'il ne peut s'empêcher de manifester de l'intérêt pour tout jeune faisant montre d'un minimum d'initiative, c'est qu'il a saisi l'importance de se laisser fasciner par ses rêves et d'accepter, en retour, d'être façonné par eux. La preuve que notre réalité présente est pétrie au moule de nos expériences passées.

Et lorsque les jeunes dont il a la charge l'entendent lancer un tonitruant « Que la force soit avec toi ! », c'est beaucoup plus qu'un appel à la participation qui résonne à leurs oreilles, c'est une pressante invitation à se faire confiance et à emprunter par eux-mêmes la route qui conduit à la réalisation de leurs ambitions.

Ma mère disait : « Si tu deviens soldat, tu seras général ; si tu te fais moine, tu finiras par être pape. » Mais j'ai choisi d'être peintre et je suis devenu Picasso.

Pablo Picasso, peintre et sculpteur espagnol.

ATTITUDES L.E.A.D.E.R.S.

Y a-t-il plus grande satisfaction que de regarder un enfant prendre conscience de l'immense potentiel qui l'habite, de le voir s'épanouir à travers les joies et les déceptions qu'il est amené à vivre et, enfin, de constater qu'il est en train d'acquérir l'autonomie nécessaire pour naviguer à travers les raccourcis et les détours que la vie lui réserve ?

L'une des quêtes les plus gratifiantes de l'être humain consiste en la reconnaissance du potentiel unique et distinctif qu'il possède. Processus intimement lié à l'estime de soi, donc à la prise de conscience de la valeur qui lui est propre, cette appropriation de son unicité ne peut être réalisée qu'à travers l'implantation de relations loyales et d'échanges enrichissants. Mais encore faut-il qu'enfant, il ait eu la possibilité de sonder l'éventail de forces dont il dispose. Ce qui n'est pas le lot d'une majorité aussi grande qu'on aimerait bien le penser.

L'une des plus grandes tristesses que j'ai à vivre dans le cadre des activités que j'anime dans les écoles consiste à me retrouver devant des enfants qui peinent à reconnaître, ne serait-ce qu'une parcelle, du capital de possibilités qui leur est propre. Comme s'il s'agissait là de dons réservés à quelques rares privilégiés. Pourtant… À une époque résolument axée sur l'innovation et la performance, j'y vois là un appel pressant à tout mettre en œuvre afin d'éveiller nos jeunes au plaisir, souvent ignoré, qui consiste à identifier ce qui les allume et les fait vivre et, par conséquent, à développer les aptitudes qu'ils possèdent afin de transformer ces aspirations en accomplissements.

Pour ce faire, il importe de créer les opportunités nécessaires pour qu'ils puissent explorer leurs centres d'intérêt, de même que les innombrables ressources qu'ils sont souvent les premiers à ignorer. Cessons de faire usage de comparaisons et d'échelles de mesure en référence à leurs possibilités et parlons de *forme* d'intelligence plutôt que de *niveau* d'intelligence. Incitons les enfants ou les jeunes à s'extraire de leur zone de confort et à emprunter, dans la mesure de leurs moyens et de leurs capacités, des avenues qui s'éloignent des sentiers battus. Comme cette élève de sixième année qui, fascinée par l'univers de la magie, a réussi, après s'être débrouillée pour obtenir les coordonnées d'un illusionniste bien connu, à entrer en contact avec lui et à faire sa rencontre à la suite d'une de ses prestations scéniques.

N'hésitons pas à accorder une place primordiale à la discussion. Ne nous laissons pas distraire ou décourager par des interprétations maladroites et des incompréhensions passagères. Sortons du pattern « Qu'est-ce que tu veux faire lorsque tu seras grand ? » et faisons plutôt avec eux, de façon régulière, l'inventaire de ce qui les attire et de ce qui les indiffère. N'hésitons pas à leur porter assistance lorsqu'ils se butent à un défi qui leur apparaît insurmontable. Non pas à la manière d'un sauveur qui a tout vu et qui a tout expérimenté mais plutôt en accompagnateur attentif et attentionné, désireux de leur faire faire un pas de plus vers la pleine acquisition de leur autonomie.

C'est Ken Robinson, un expert en éducation internationalement reconnu pour ses interventions en faveur du développement de la créativité et de l'innovation, qui, dans son livre intitulé *L'Élément*, fait référence « à cet endroit où convergent les choses qu'un individu adore faire et celles pour lesquelles il est doué. » Il urge que nous – ***A***dultes ***S***ignifiants – prenions conscience du rôle primordial et nécessaire que nous avons à jouer pour qu'advienne cette révélation et ce couplage entre les possibilités que possède un enfant ou un jeune et ce qu'il est appelé à en faire pour se réaliser pleinement.

Il s'agit là de la bretelle d'accès qui conduit directement à l'autoroute du bonheur et de la réalisation de soi !

Rappels inspirants

- ✔ Cessons de faire usage de comparaisons et d'échelles de mesure en référence aux possibilités de nos jeunes et parlons de *forme* d'intelligence plutôt que de *niveau* d'intelligence.
- ✔ Sortons du pattern « Qu'est-ce que tu veux faire lorsque tu seras grand ? » et faisons plutôt avec eux, de façon régulière, l'inventaire de ce qui les attire et de ce qui les indiffère.
- ✔ N'hésitons pas à leur porter assistance lorsqu'ils se butent à un défi qui leur apparaît insurmontable. Non pas à la manière d'un sauveur qui a tout vu et qui a tout expérimenté mais plutôt en accompagnateur attentif et attentionné, désireux de leur faire faire un pas de plus vers la pleine acquisition de leur autonomie.

David

L'intimidation destructrice

Avec son excédent de deux pouces qui en fait le plus grand de sa classe, Gravel a beau jeu. Depuis le jour où il a mis les pieds à l'école, il est entouré d'une cour qui marche dans ses pas et qui n'en a que pour ses bravades et ses vantardises. Des béni-oui-oui qui ne sont à ses côtés que par peur, c'est bien connu. Peur de ne pas être dans le bon camp. Peur de se retrouver un jour écrasés contre la clôture Frost.

Peur d'être comme Beaulieu, celui dont on dit qu'il n'a jamais mangé ses croûtes.

Maigrelet et de petite taille, David Beaulieu n'à effectivement rien pour faire peur à quiconque, bien que, pour ceux qui, comme moi, ont le plaisir de mieux le connaître, il y ait tout lieu de se douter que, même baraqué, il n'aurait jamais fait de mal à une mouche. Avec des traits tenant plus du garçon que de l'homme, une voix n'ayant pas encore changé de registre, une chevelure longue et ébouriffée, Beaulieu est le candidat idéal pour la clôture Frost. Au gymnase cependant, David prend des allures de géant : rapide, combattif et endurant, son petit gabarit ne l'empêche pas d'être un des joueurs de basket les plus respectés de la ligue. Celui que toute équipe aimerait compter dans ses rangs.

Sauf peut-être Gravel, qui ne rate jamais une occasion de ridiculiser, de narguer et de rabaisser Beaulieu.

Oh ! Rien de bien grave… *en apparence* : des moqueries, des insultes, des quolibets… Sombres expressions de la frustration de l'autoproclamé roi de la place. Le genre d'humiliations subtiles mais tristement constantes. Jusqu'à ce que David ébranle l'ascendant souverain de Gravel en remportant le trophée attribué au joueur ayant affiché le meilleur esprit sportif lors du tournoi régional.

Personne n'était dupe. Tout le monde savait ce qui allait arriver, et tout le monde l'a vu. Mais lorsque David Beaulieu s'est fait projeter contre la clôture entourant la cour de l'école le lundi suivant, chacun s'est empressé de détourner le regard. Qu'ils soient du gang à Gravel ou des quelques amis de Beaulieu. Personne n'a porté secours à David, même s'il saignait du nez et qu'il semblait sonné comme un boxeur qu'on vient de mettre K.-O. Alertés par les cris des quelques filles qui se trouvaient tout près, deux profs l'ont finalement conduit à l'infirmerie alors que Gravel clamait haut et fort son innocence. Une scène navrante. Gravel a été appelé à s'expliquer devant le directeur. On ne l'a plus revu de la journée.

Le lendemain, alors que tout le monde pensait le malotru suspendu pour un bon moment, voilà que Gravel s'est pointé, l'air penaud, presque repentant. Au point où certains ont même pensé qu'il avait compris. Mais l'indignation et le ressentiment que chacun avait bien pris la peine de ne pas montrer ont vite fait place à l'indifférence. Deux semaines plus tard, Gravel avait retrouvé sa vraie nature. Plus personne n'en a reparlé.

La malchance de David aura été d'avoir vu le jour la même année que celui qui allait s'acharner sur lui comme une sangsue se fixant à sa peau. Assigné aux mêmes classes que Gravel depuis la maternelle, David n'a jamais imaginé que son compagnon d'infortune ferait un jour montre d'autant de hargne et de méchanceté à son endroit. Il était loin de se douter que les incessantes poussées de croissance de Martin Gravel allaient l'amener à se croire autorisé à adresser, à qui ne se courberait pas devant lui, les plus humiliantes des invectives: *nerd, fif, geek, tapette*... Autrement dit, la panoplie complète des expressions relevant d'un phénomène qui a pour nom intimidation.

Malgré ce concert d'insultes et d'injures, David n'a heureusement jamais pensé à commettre l'irréparable. Il a cependant adopté un comportement identique à celui de trop de jeunes qui se retrouvent dans la même situation : il s'est tu, il s'est accroché un masque au visage et il a continué à faire semblant, se retenant pour ne pas pleurer, pour ne pas crier, pour ne pas frapper à son tour. Il a si bien réussi qu'on en est venu à croire – parmi ses amis et au sein du corps enseignant – qu'il était au-dessus de tout cela. Grossière erreur. Le sourire et l'apparênte insouciance d'un enfant cachent souvent de bien grandes peines.

Ce qui l'a épargné de verser dans la mésestime totale de lui-même, c'est que David a eu la chance – dans les circonstances – d'avoir des parents attentifs et bienveillants qui l'ont accueilli et consolé avec le bagage de connaissances qu'ils possédaient. « Ignore-le, c'est le meilleur moyen pour qu'il te laisse tranquille », lui ont-ils prodigué comme conseil. Une recommandation qui n'a visiblement pas porté les résultats escomptés. C'était méconnaître que l'indifférence feinte laisse toujours le loisir à l'intimidateur de continuer de plus belle ou, encore, de jeter son fiel sur une autre tête de Turc avec la même cruauté.

Ce que les parents de David ne savaient pas, et qu'on connaît mieux aujourd'hui, c'est qu'il existe des méthodes – éprouvées sinon attestées – pour contrer l'intimidation. Et que bon nombre d'institutions ont fait le choix de mettre en place des politiques et des règlements clairs afin de dénoncer ce qui n'a pas lieu d'être.

Il y a d'abord la confrontation, mesurée et réfléchie, avec celui ou celle qui fait usage d'intimidation pour une affirmation de soi. Une démarche qui a tout avantage à se faire seul à seul, en adoptant une attitude confiante et résolue, et en s'exprimant au « Je » – qui annonce l'affirmation et la prise en charge –, plutôt qu'au « Tu » – souvent empreint de ressentiment et de culpabilisation. Si on l'avait informé qu'il pouvait agir de la sorte, David aurait peut-être été en mesure d'amener Martin à prendre conscience de la portée de ses agissements et à réagir de manière à ce que le respect prime dans leurs relations.

Et lorsque cette première approche, qui exige courage et aplomb, ne porte pas les fruits escomptés, il importe alors de ne pas hésiter à dénoncer. Une démarche qui, faite directement auprès des autorités compétentes ou par l'entremise d'une personne de confiance, a entre autres mérites de faire voir au grand jour un phénomène qui tire tout avantage de l'indifférence et de l'inattention qu'on lui prête.

SOUS L'ŒIL DE GUSTAVE

Avez-vous déjà porté attention aux trois petites lettres qui se trouvent au beau milieu du verbe « dénoncer » ? Il s'agit de n-o-n, comme dans « déNONciation ». Qu'on se le dise une fois pour toutes : notre droit de dénoncer fait intrinsèquement partie de notre droit de nous exprimer. Tout comme David ou Stéphane, vous et moi avons le pouvoir de dire que ça suffit, que nous en avons assez de l'intimidation et que nous refusons de nous faire enfermer dans la peur.

Vous craignez de passer pour un *stool*, un mouchard, un panier percé ? Rappelez-vous que tout est dans l'intention et dans la façon de faire. Si les propos et les gestes imputés à celui que vous dénoncez sont sans fondements, c'est votre attitude à vous qu'il importe alors de remettre en question. D'où l'importance d'avoir recours à une démarche du genre uniquement lorsque la situation l'exige véritablement.

Contrairement à l'idée fort répandue, dénoncer n'a rien à voir avec la trahison ou le rapportage. La dénonciation, lorsqu'effectuée selon les règles de l'art, engendre souvent de franches discussions qui, si elles sont menées avec sincérité et transparence, peuvent conduire à la mise en place de solutions appropriées et efficaces. Elles n'effaceront certes pas, du moins dans l'immédiat, les blessures que l'intimidation a créées, mais elles auront au moins l'avantage de rétrécir le champ d'action de l'intimidateur.

Stéphane en sait quelque chose, lui à qui on a déjà fait voir de très près la clôture Frost de l'école qu'il fréquentait…

Plus de trente ans après les événements, David n'a jamais pu faire ce genre de démarche avec celui qui, par son attitude méprisante, a obscurci tout un pan de sa vie : Martin Gravel est décédé dans un accident de la route alors qu'il n'avait pas encore vingt ans. Aux gens qui lui demandent s'il a déjà souhaité sa mort, David répond par la négative. « Parce que la vengeance, dit-il, n'a jamais fait partie de mes valeurs. » Ce qui n'empêche pas les anciennes invectives de son offenseur de se faire parfois entendre, comme en écho, à des moments où il s'y attend le moins.

Avec le recul, on peut également supposer que David aurait aimé voir plus d'***A***dultes ***S***ignifiants se lever et exprimer clairement leur désapprobation lorsque Gravel s'en prenait ouvertement à lui. Les voir affirmer haut et fort que « assez, c'est assez ! » Et, surtout, les voir prendre les moyens pour que rien de tout cela ne se reproduise. Parce que le plus grand des pouvoirs d'un intimidateur reste encore et toujours le silence de sa victime ainsi que celui de ceux et celles qui l'entourent.

La responsabilité des adultes concernés est d'autant plus grande que, de nos jours, l'intimidation continue non seulement de se manifester le long des clôtures et des corridors des écoles, mais également sur l'immense terrain de jeu qu'est le Web. C'est pourquoi il est urgent d'en appeler à la tolérance zéro en matière d'intimidation.

De sensibiliser nos enfants et nos jeunes au fait que tout geste posé ou toute parole lancée porte à conséquence. Pour le meilleur et pour le pire. Et que tout silence, conscient ou imposé, est une forme détournée de complaisance à l'endroit des intimidateurs.

Que l'on fasse partie de la cour entourant Gravel ou des amis de Beaulieu !

Celui qui se tait intimide plus que celui qui parle.

Arturo Pérez-Reverte, écrivain et scénariste espagnol.

ATTITUDES L.E.A.D.E.R.S.

Comportement intentionnel causant psychologiquement la peur chez quelqu'un d'autre, l'intimidation maîtrise l'art de s'adapter à l'air du temps. Elle y parvient en s'appropriant chaque nouveau moyen lui permettant d'envahir toujours plus intimement la vie de ceux et celles qui se retrouvent dans sa mire. C'est ainsi que, maintenant que l'insondable Toile relie tous les claviers de la planète, ce procédé insidieux pour embarrasser, humilier, tourmenter, menacer ou harceler, prolifère d'autant plus qu'il a toute liberté de s'articuler dans l'anonymat le plus complet.

Manœuvre faisant appel aux différentes technologies de communication – qu'il s'agisse d'Internet, des réseaux sociaux, du courrier électronique, des messages texte ou de la messagerie instantanée –, la cyberintimidation est désormais omniprésente dans la vie des jeunes. Déjà manifeste dans l'univers des enfants, au moment où leur identité sociale est appelée à se former, elle s'intensifie et étend ses ramifications lorsqu'ils atteignent l'âge de l'adolescence. À la gamme des diffamations déjà abondamment répandues, s'ajoutent alors le harcèlement à caractère sexuel, les potins et les ragots reliés aux fréquentations amoureuses, de même que l'intimidation fondée sur l'appartenance ethnoculturelle.

Renforcé par la multiplication des appareils électroniques de toutes sortes, l'impact de la cyberintimidation est d'autant plus grand qu'il est en mesure d'atteindre des enfants et des jeunes à n'importe quel endroit et à n'importe quel moment. À la différence des violences et des agressions physiques, où la victime est en mesure de fuir ou de parer les coups, la cyberintimidation lèse ou offense l'autre dans ce qu'il a de plus vulnérable et de plus fragile, soit sa confiance en lui et son estime personnelle. Il devient par conséquent difficile pour la personne visée d'ignorer ou d'échapper aux agressions de son oppresseur.

Bien qu'un certain nombre de jeunes, bien entourés et sciemment conseillés, arrivent à ne pas se laisser détruire par les allégations et les dénigrements dont ils sont la cible, plusieurs s'en trouvent profondément perturbés. D'aucuns en viennent ainsi à éprouver des difficultés à fonctionner là où ils avaient pourtant l'habitude d'exceller. Quelques-uns finissent par ressentir des malaises physiques, tandis que d'autres préfèrent s'isoler en ruminant des idées noires, allant même, chez les plus accablés, jusqu'à s'enlever la vie.

C'est pour ces raisons qu'il importe à tout **A**dulte **S**ignifiant de faire montre de vigilance et de ne pas attendre que le pire se produise pour initier jeunes et plus vieux aux différents risques que comporte l'utilisation des multiples composantes électroniques – ordinateurs, tablettes et téléphones intelligents – qui sont mises à leur disposition. L'objectif d'une telle approche est de les amener à se responsabiliser par rapport à ce qu'ils diffusent, que ce soit par le biais de l'écrit ou de l'image, et à réagir convenablement lorsqu'ils sont témoins ou victimes d'actes d'intimidation virtuelle.

Il ne faudrait également pas oublier que c'est au parent, à l'enseignant et à l'éducateur qu'il revient, d'abord et avant tout, de donner l'exemple en matière de nétiquette, cet ensemble de règles informelles en matière de courtoisie et d'obligeance devant prévaloir sur les médias de communication. Comment, en effet, amener les jeunes à faire la différence entre ce qui est approprié et ce qui ne l'est pas, si le modèle parental ou tutélaire n'est pas en mesure de faire montre de considération et de respect à travers les relations qu'il entretient avec ceux et celles auxquels son clavier lui donne accès ?

Un autre moyen à considérer, surtout pour les plus jeunes, consiste à établir des règles claires quant à l'utilisation des différents dispositifs donnant accès à Internet. Y a-t-il lieu de limiter le temps d'utilisation des appareils électroniques ? De placer l'ordinateur familial dans un endroit particulièrement fréquenté de la maison ? Ou encore, si l'on nourrit des appréhensions quant à la convenance de certains sites fréquentés, d'activer un système de contrôle parental ? Quelle que soit l'alternative retenue, il importe cependant d'expliquer à l'enfant ou au jeune concerné qu'une telle décision n'a rien à voir avec une volonté de surveillance indue, mais qu'elle relève plutôt d'un désir de lui inculquer des valeurs qui l'amèneront à accroître sa considération pour les autres et à se faire respecter lui-même.

Dans le même ordre d'idées, il importe de faire comprendre aux enfants et aux jeunes qu'Internet est en tous points semblable à une immense place publique où tout un chacun est libre de déposer et de s'approprier ce qui lui semble d'intérêt. Et que, par conséquent, toute activité hasardeuse ou inappropriée peut avoir de lourdes conséquences pour leur réputation et leur notoriété. Que non seulement la nature même de ce réseau mondial de communication n'a rien de privé ou de maîtrisable, mais que tout ce qui y circule laisse une trace indélébile. Et repérable ! Ceux et celles qui se plaisent à y étaler leur vie prêtent donc le flanc aux plus viles médisances et aux pires calomnies.

Heureusement, les directions d'écoles, les fournisseurs d'accès Internet et les autorités policières sont de plus en plus conscientisés aux problèmes qu'est susceptible d'engendrer une utilisation malavisée du Web. De pertinents sites – dont les principaux se trouvent référencés en fin de rubrique – sont mis à la disposition des parents et des jeunes pour leur indiquer qu'entreprendre s'ils deviennent victimes ou témoins d'actes d'intimidation par l'entremise de la grande Toile. Bien que différents dans leur approche, tous s'entendent pour suggérer une procédure susceptible de tirer d'embarras jeunes et enfants qui, d'une façon ou d'une autre, se sentiraient menacés par un ou des cyberdélinquants.

Tout d'abord, même s'il est tentant de le faire, tous insistent sur l'importance de ne jamais répondre ou donner suite à des messages offensants ou intimidants. S'il s'agit de textos ou de courriels, ils suggèrent de les sauvegarder de façon à conserver des preuves de ce qui est considéré comme menaçant. Quant à ce qui se retrouve affiché sur un profil Facebook ou un autre réseau social du même genre, il est conseillé, pour la même raison, de faire une capture d'écran de ce qui mérite d'être dénoncé.

Par la suite, il est impératif de bloquer l'accès de la boîte de messagerie concernée à l'expéditeur inopportun. Enfin, si le harcèlement et les allégations se poursuivent, il devient alors urgent d'en parler aux autorités compétentes, que ce soit un parent, un directeur, un animateur et, au besoin, un représentant des forces de l'ordre. Il s'agit là de la meilleure façon de mettre un terme à ce qui n'a aucune raison d'être.

Comme on peut le constater, la citoyenneté numérique, c'est une question d'éducation et de responsabilité commune. Et tout comme le savoir-vivre en société, ça s'apprend ! Mais encore faut-il considérer que, aussi conscientisées et vigilantes que puissent être les autorités concernées, elles ne pourront jamais stopper ou infléchir ce fléau sans la vigilance constante et la collaboration empressée de tout ***A***dulte ***S***ignifiant. Car la cyberintimidation n'a désormais plus rien à envier aux clôtures Frost !

Sites Internet recommandés :

www.teljeunes.com

www.jeunessejecoute.ca

www.cyberaide.ca

www.habilomedias.ca

Rappels inspirants

- ✔ À la différence des violences et des agressions physiques, où la victime est en mesure de fuir ou de parer les coups, la cyberintimidation lèse ou offense l'autre dans ce qu'il a de plus vulnérable et de plus fragile, soit sa confiance en lui et son estime personnelle.
- ✔ Ce qui l'a épargné de verser dans la mésestime totale de lui-même, c'est que David a eu la chance – dans les circonstances – d'avoir des parents attentifs et bienveillants qui l'ont accueilli et consolé avec le bagage de connaissances qu'ils possédaient.
- ✔ Contrairement à l'idée fort répandue, dénoncer n'a rien à voir avec la trahison ou le rapportage. La dénonciation, lorsqu'effectuée selon les règles de l'art, engendre souvent de franches discussions qui, si elles sont menées avec sincérité et transparence, peuvent conduire à la mise en place de solutions appropriées et efficaces.

Marthe

La disponibilité bienveillante

Pour vous la situer, je vous dirais qu'elle est « d'une autre génération ». De cette époque qui vit l'avènement de la télé et la prolifération du grille-pain automatique. De ce temps où, en prenant mari, une femme prenait non seulement pays, mais également le nom de celui à qui elle s'unissait « pour le meilleur et pour le pire ». De cette génération de maîtresses de maison pour qui un foyer bien rangé, des vêtements fraîchement repassés et des repas longuement mitonnés constituaient la forme de réalisation personnelle et sociale la plus valorisée et la plus valorisante.

Marthe est de celles-ci.

Mais elle est, à mes yeux, beaucoup plus que cela. Elle possède non seulement l'art d'être mère, mais elle a – surtout – le mérite de répondre en tous points à la vocation de maman. Bienveillante à souhait, la qualité de sa présence à mon égard s'est avérée source d'affirmation personnelle et de confiance en la vie qui s'ouvrait devant moi. La mise en place qui m'attendait au retour de l'école en dit d'ailleurs long sur les sentiments qui l'habitaient. Devant ma pomme minutieusement coupée en morceaux, mon petit pain tout juste sorti du four et mon verre de Quick au chocolat déposés sur la table à café du salon, il ne me restait qu'à m'asseoir et me laisser emporter dans l'univers magique de *Bobino**.

Maman-accueil, maman-réconfort.

L'esprit ainsi libéré, j'étais par la suite beaucoup mieux disposé pour plonger le nez dans mes livres et mes cahiers ou, lorsque nous avions congé de devoirs et de leçons, pour m'adonner aux jeux d'habileté intellectuelle qui m'insufflaient le goût d'apprendre et de m'éveiller à de nouveaux univers. Ainsi, dès que j'ai été en mesure de tenir fermement un crayon dans ma main, je me suis précipité sur les jeux des sept erreurs dont notre voisine bien-aimée, madame Godbout, me faisait cadeau après les avoir soigneusement découpés dans chacune des publications qui lui tombaient sous la main. Et même si, un peu plus tard, la lecture m'est parfois apparue aussi difficile à maîtriser qu'un cube Rubik, cela n'a en rien réduit mon attrait pour les mots mystères et, par la suite, pour les mots croisés. Ce faisant, avant même de poser mon séant sur les bancs d'école, je prenais plaisir à jouer avec les mots comme d'autres le font avec une rondelle, un ballon ou une balle. Ce qui n'est pas étranger à la passion que j'ai très tôt développée pour les jeux de société.

Combien de fois ai-je été trouver Marthe, mon jeu de Monopoly à la main, alors qu'elle se démenait entre salle et fourneaux afin que tout soit prêt à temps pour le souper, en m'adressant à elle comme si elle n'attendait

* *Bobino* est une émission jeunesse québécoise, créée et animée par Guy Sanche, produite et diffusée par la télévision de Radio-Canada entre 1957 et 1985.

que moi : « M'man, veux-tu jouer avec moi ? » Sûrement m'a-t-elle déjà servi quelques refus ; à vrai dire, je ne m'en souviens même plus. Ce que je retiens cependant, ce sont les innombrables fois où elle a spontanément obtempéré à ma demande.

Elle quittait alors sa planche à découper et ses chaudrons fumants pour me suivre jusqu'au salon où nous disposions, directement sur le parquet fraîchement astiqué, carton-jeu, pions et fausse monnaie. Faire une partie serait, dans les circonstances, beaucoup dire, une vingtaine de minutes à peine nous séparant du moment de nous mettre à table. Marthe ne laissait toutefois jamais voir ou transparaître quelque forme d'impatience ou d'indisposition qui, dans les circonstances, aurait pourtant été tout à fait justifiée. Bien au contraire. En moins de temps qu'il en fallait pour passer *Go*, Marthe passait du mode *mère* à celui de *maman*.

Pour moi, c'était la fête. Celle des retrouvailles dans le temps, dans l'espace et dans le cœur. Rien d'autre ne comptait que nous deux. Il ne s'agissait plus de deux joueurs s'apprêtant à faire une partie ensemble, mais d'une maman et de son fils qui offraient un lieu d'expression privilégié aux sentiments qui les animaient. Dans ces moments bénis, Marthe faisait beaucoup plus que m'occuper, elle s'occupait de moi. Là était toute la différence !

C'est cette propension à la disponibilité qui résonne encore en moi aujourd'hui et qui m'interpelle à faire montre à mon tour d'attention à l'endroit de celui ou celle qui se tourne vers moi pour quémander un peu de mon temps.

Maman-présence, maman-toute-proche.

Sous l'œil de Gustave

Assurer du temps de qualité aux tout-petits et aux plus jeunes qui en réclament, voilà une expression qui fait souvent l'objet de discussions concernant l'éducation des enfants. Il s'agit toutefois d'un concept qui revêt autant de significations qu'il se trouve de gens qui s'y réfèrent. Stéphane et moi avons eu l'occasion d'en mesurer toute la portée dans le cadre d'une conférence tenue en soirée aux parents des enfants que nous avions rencontrés un peu plus tôt au cours de la journée.

« Je veux bien, moi, m'occuper de mon enfant et lui assurer une présence de qualité, lança un père, visiblement interrogé en entendant Stéphane évoquer le bonheur qu'il éprouvait à jouer avec Marthe. Mon fils a neuf ans et, en tant que père, je considère que ma responsabilité première n'est pas de m'amuser avec lui mais plutôt de l'élever. J'entends bien ce que vous dites, mais c'est loin de m'apparaître aussi simple que vous le prétendez… »

Après l'avoir rassuré sur la qualité de son intervention, Stéphane prit le temps d'expliquer à ce père – en qui sommeillait sûrement un excellent papa – que, en matière de relations parents-enfants, tout se joue souvent sur une question de disponibilité et d'ouverture. Le secret consiste, comme dans les autres aspects de la vie, à trouver le point d'équilibre.

« Dans le cas d'un avertissement ou d'une réprimande, lui dit Stéphane, c'est la voix du *père* qui doit primer. L'expression de celui qui aime sans condition mais qui souhaite également doter son enfant de la meilleure éducation qui soit. D'autre part, lorsque vient le temps de répondre aux désirs de l'enfant, c'est la voix du *papa* – celui qui n'hésite pas à s'oublier et se faire présent – qui a tout avantage, non seulement à se faire entendre, mais surtout à faire écho dans le cœur de l'enfant. Tout réside dans la manière et dans l'approche. »

Foi du fils de Marthe !

S'il en est une qui avait l'art de passer de mère à maman lorsque la situation le requérait, c'était bien Marthe. Ce qui n'en faisait pas une mère parfaite pour autant, mais une maman à qui il aurait été bien malvenu d'adresser des reproches, elle dont chacun des agissements était d'abord et avant tout dicté par les élans du cœur.

C'est ainsi qu'au lendemain d'une de ces rencontres où les parents étaient invités à se rendre à la polyvalente du quartier afin d'échanger avec ceux et celles qui enseignaient à leur progéniture, je retrouvai, entre mon bol de céréales préférées et mon toast au beurre d'arachides, mon plus récent bulletin d'étape. Bien que l'ensemble était des plus satisfaisant, il ne manquait toutefois pas de faire voir, ici et là, quelques notes plus faibles démontrant qu'il y avait encore de l'amélioration à apporter dans une ou deux matières.

Au lieu de réagir en mère, comme l'auraient fait plusieurs d'entre elles – « As-tu vu cette note ? Ce n'est vraiment pas fort ! Et cette baisse ici, y a vraiment pas de quoi être fier ! » –, c'est plutôt la maman qui est venue s'asseoir tout près de moi pour témoigner de la satisfaction qui l'animait. « Excellente note ici, Stéphane, bravo ! Ça démontre que tu as bien travaillé. Et tu as vu le progrès dans cette matière, c'est le résultat des efforts supplémentaires que tu y as mis. Quant aux difficultés que tu sembles éprouver ici, ne t'en fais pas, nous allons travailler ça ensemble. »

Ensemble, voilà ce que j'ai retenu de ce déjeuner-causerie. En enveloppant sa voix et son regard d'une sollicitude affectueuse, elle renforça ma confiance et confirma ma valeur propre en tant qu'être humain. Quel cadeau ! Jamais je ne saurai lui dire toute la reconnaissance qui m'habite encore aujourd'hui.

Ainsi, au moment où mes quinze ans menaçaient de m'en distancier, Marthe ne cessa pour autant de m'accompagner, de se tenir tout près et de demeurer attentive à ce que je vivais. Je lui donnai d'ailleurs plus d'une fois l'occasion de faire montre de son engagement, habitué que j'étais à m'endormir – sur mon lit, encore tout habillé – avant même d'avoir éteint les lumières de ma chambre.

En apercevant la lueur jaillissant sous la porte, elle entrait alors délicatement et, après s'être assise au bord de mon lit, elle susurrait mon nom tout doucement à mon oreille afin que je me glisse plus confortablement sous les draps. Et lorsqu'elle constatait que cette façon de faire ne donnait pas les résultats escomptés, elle passait lentement sa main dans mes cheveux en continuant de répéter mon prénom de sa voix chaude.

Si je peux en témoigner avec autant d'à-propos aujourd'hui, c'est parce que j'ai souvent feint de dormir. Son approche et sa gestuelle étaient tellement rassurantes et apaisantes que je faisais en sorte de laisser courir mon plaisir le plus longtemps possible. Ce qui peut sembler, j'en conviens désormais, en sérieux décalage par rapport aux fantasmes que nourrit habituellement un adolescent de cet âge.

Au fait, sans que je sois alors en mesure de le nommer clairement, c'était à la tendresse que m'initiait Marthe dans ces moments-là. Non pas à la manière d'une mère décrétant une prescription sortie tout droit d'un manuel d'enseignement – « Attention, mon gars, ce soir – *tonight is the night* –, je vais t'enseigner ce que c'est que la tendresse » –, mais plutôt à la manière d'une maman désireuse de toucher le cœur de celui qui était la chair de sa chair.

Maman-câlin, maman-tendresse.

Seul l'enfant, une fois devenu adulte, peut mesurer l'impact des heures et, surtout, de la qualité du temps qu'on a passé avec lui. C'est pourquoi il importe, à nous – parents et ***A***dultes ***S***ignifiants que nous sommes – de ne jamais sous-estimer tout ce que peut receler une question aussi banale que « Veux-tu jouer avec moi ? » La réponse offerte est souvent déterminante pour l'avenir de l'enfant qui la pose.

Un soir que je retrouvai Marthe à ma table alors qu'on soulignait mon trente-et-unième anniversaire de naissance, j'en profitai pour nous rappeler quelques souvenirs d'enfance, dont ces innombrables fois où elle avait accepté de faire une partie de Monopoly avec moi alors qu'elle se trouvait en pleine préparation du repas. Bien qu'elle prit elle aussi plaisir à se remémorer la complicité qui émanait de ces rapprochements improvisés, elle ne manqua toutefois pas de m'avouer bien candidement, que non seulement mon insistance l'a parfois indisposée, mais que le Monopoly, elle haïssait cela à s'en confesser !

Maman-amour, maman-Marthe.

Imaginez comme les forêts seraient silencieuses si seuls les meilleurs oiseaux chanteurs se risquaient à chanter.

Henry Van Dyke, écrivain américain.

ATTITUDES L.E.A.D.E.R.S.

Même si je suis animé, à l'endroit de Marthe, des sentiments les plus affectueux et les plus nobles, « je ne la grimpe pas pour autant sur les autels » comme se plaisait à dire une de mes grand-mères. Loin de moi l'idée de la considérer comme une sainte, même si c'est un peu – beaucoup ! – l'objectif qu'elle a longtemps cherché à atteindre. « Ai-je été une mère parfaite pour toi, mon gars ? » s'aventura-t-elle à me demander, toute étreinte qu'elle était par l'inquiétude et l'émotion, au moment où j'abordais le cap de la trentaine.

« Bien sûr que non, que je lui répondis, laissant coite et déconfite celle qui avait toutes les allures, sur le plan des attitudes et des comportements, d'une sorte de croisement entre Mère Teresa et le docteur Gilles Julien. Non seulement tu n'es pas parfaite, mais tu ne le seras jamais », osai-je même ajouter. Puis, constatant que je venais d'ébranler fortement les fondements mêmes de ses prétentions, je m'empressai d'ajouter : « Tu n'es pas une mère parfaite, ça n'existe pas, mais, pour moi, tu es la mère idéale, celle que j'aurais choisie sans aucune hésitation si cette possibilité m'avait été offerte à un moment ou à un autre des trois décennies qui viennent de s'écouler. Idéale, dans le sens où tu possèdes des forces qui te sont propres mais sans pour autant être dépourvue de faiblesses, qui rendent compte de toute l'humanité qui t'habite. Et qui m'amènent à t'aimer pour les bonnes raisons. »

Je ne saurais dire, encore aujourd'hui, si j'ai soulagé Marthe de toutes ses aspirations à la perfection. Je crois cependant l'avoir incitée à prendre un peu de recul à l'égard de ses ambitions, on ne peut plus utopiques. Un médecin guérit-il tous ses patients ? Un chercheur peut-il prétendre à l'omniscience ? Ne serions-nous pas devenus, au fil des ans, un peu trop obnubilés par un insidieux désir de perfection ? Cette quête d'achèvement et d'excellence en toutes choses, nécessairement vouée à l'échec, ne serait-elle pas en train de nous distancier de ceux et celles qui nous sont les plus chers ?

En cherchant à être ce parent parfait, cette enseignante irréprochable, cet entraîneur incomparable et cette éducatrice hors pair, non seulement nous épuisons-nous à répondre à de prétendues normes sociales – qui, en bout de piste, n'ont pour autre effet que de faire naître en nous un sentiment de frustration –, mais nous inculquons dans le cœur de nos jeunes le sentiment que l'idéal absolu constitue le seul critère de reconnaissance et d'appréciation qui vaille. Ce faisant, nous occultons du même coup l'imposante somme d'expériences et d'apprentissages que recèlent les carences, les détours et les erreurs qui font partie intégrante de tout parcours.

En ce sens, il y a beaucoup à apprendre d'un inventeur comme Thomas Edison qui, en créant l'ampoule à incandescence, a littéralement transformé le cours de nos vies. « J'ai appris des milliers de fois comment ne pas réussir, se plaisait à dire celui qui a aussi conçu et réalisé le premier phonographe en mesure d'enregistrer et de reproduire le son, de même que la voix humaine, lorsqu'on insistait pour qu'il livrât le secret de ses réussites. Je n'ai pas échoué, j'ai simplement trouvé 10 000 solutions qui ne fonctionnaient pas. »

Ce qui ne signifie pas pour autant qu'il faille se satisfaire de peu et de moins. L'ambition de s'améliorer et de donner le meilleur de soi fait partie de la nature humaine. Il importe toutefois de situer notre désir de renforcement et de bonification personnelle à l'intérieur des balises que nous impose notre condition. Vouloir coûte que coûte atteindre des sommets de perfection, en nous comparant à ce que d'autres – dotés de possibilités et de ressources différentes des nôtres –, font de plus ou de meilleur que nous, risque d'être plus nuisible que profitable, tant pour nos proches que pour nous-mêmes.

Renforçons plutôt notre estime personnelle en misant sur ce qui fait notre singularité et notre originalité. Apprenons à tenir compte de ce que nos essais et erreurs ont à nous enseigner plutôt que de voir uniquement dans nos défaillances une forme ou l'autre d'inaptitude ou d'insuffisance. N'ayons pas peur d'afficher notre différence, d'assumer notre sensibilité, de montrer nos émotions. Il s'agit là d'un exercice d'acceptation qui a pour conséquence directe d'inciter à la compassion et à la tolérance tous ceux et celles que nous avons tâche d'élever et d'éduquer.

Marthe est de celles qui, tout autant par ses petits défauts que ses innombrables qualités, m'a non seulement permis de prendre acte de mon unicité et de reconnaître mes différences mais m'a aussi et surtout donné le droit d'exister, de vivre et de m'affirmer.

Et si la voie royale conduisant à l'expression la plus achevée de notre humanité passait par l'apprentissage de l'imperfection ?

Rappels inspirants

- ✔ En matière de relations parents-enfants, tout se joue souvent sur une question de disponibilité et d'ouverture. Le secret consiste, comme dans les autres aspects de la vie, à trouver le point d'équilibre.
- ✔ Seul l'enfant, une fois devenu adulte, peut mesurer l'impact des heures et, surtout, de la qualité du temps qu'on a passé avec lui.
- ✔ N'ayons pas peur d'afficher notre différence, d'assumer notre sensibilité, de montrer nos émotions. Il s'agit là d'un exercice d'acceptation qui a pour conséquence directe d'inciter à la compassion et à la tolérance tous ceux et celles que nous avons tâche d'élever et d'éduquer.

Maxime

Les étiquettes qui enferment

Maxime est un T.C., un élève qui présente des Troubles du Comportement. Je ne le savais pas avant que Gustave et moi soyons invités à animer des ateliers auprès de différents groupes de son école secondaire.

Bien qu'en apparence semblable à tous les autres jeunes de son âge, Max n'a pédagogiquement rien pour aviver ou nourrir la flamme d'un enseignant. Turbulent, dissipé, violent à ses heures, il est aussi intéressé par l'apprentissage qu'un chat, par les ordres. Plus familier des consoles de jeu que des salles de cours, il est de ceux qui passent le plus de temps *en récup*. Quand ce n'est pas en retenue.

« Élève dont le fonctionnement global – évalué par une équipe multidisciplinaire comprenant un ou une spécialiste des services complémentaires, au moyen de techniques d'observation systématique et d'instruments standardisés d'évaluation – se caractérise par : des comportements agressifs et destructeurs de nature antisociale dont la fréquence est élevée depuis plusieurs années, ou des comportements répétitifs ou persistants qui violent manifestement les droits des autres élèves ou les normes sociales propres à un groupe d'âge, qui prennent la forme d'agressions verbales ou physiques, d'actes d'irresponsabilité ou de refus constant de l'autorité. » Voilà la définition officielle que donne le ministère de l'Éducation, du Loisir et du Sport du Québec aux élèves qui présentent des troubles du comportement.

Mais dans la tête et le cœur de Maxime, son identité se résume à deux petites lettres : T.C. – T.C. du groupe 29. Vingt-neuf, comme le vingt-neuf pour cent qu'il a obtenu dans son dernier test de maths.

« Ne me dites pas qu'ils vous ont donné ce groupe-là pour commencer votre journée, me lance une enseignante, dont j'avais fait la connaissance l'année précédente, en constatant que les ateliers s'enchaînaient les uns après les autres à mon agenda du jour. Le pire de l'école, c'est moi qui vous le dis. Une bande d'inadaptés et d'inadaptables. Il y en a tellement dans cet établissement qu'on en retrouve pratiquement à tous les niveaux. Mais celui-ci rassemble vraiment ce qu'il y a de pire. Permettez-moi de vous souhaiter bonne chance, vous en aurez vraiment besoin… » Avant même que j'aie eu le temps de réagir, elle avait tourné les talons.

Or, la mise en garde de cette femme, qui aurait eu tout lieu de me décourager, m'a, bien au contraire, stimulé. Face à un discours aussi démobilisateur, j'ai eu le goût, plus que jamais ce matin-là, de faire une différence et d'être cette différence. À la manière des judokas, j'ai fait le choix de récupérer la kyrielle de préjugés qui venait de m'être servie pour conforter ces jeunes qui, comme leur enseignant titulaire prit malgré tout la peine de préciser, n'étaient « pas faciles mais tout de même attachants ! »

« Êtes-vous capables de me dire de quoi on parle lorsqu'on utilise le terme T.C. en faisant référence à vous ? » leur demandai-je, d'entrée de jeu, en prenant soin d'inscrire de façon bien visible ces deux significatives, mais non moins outrageantes, lettres au tableau. Des douze jeunes, tout aussi suspicieux qu'étonnés, qui se trouvaient devant moi, seul Maxime osa donner la réponse que chacun connaissait pourtant très bien. « Ben quoi, vous le savez ce que ça veut dire, la prof à qui vous avez parlé tantôt vous l'a dit ce que nous étions. Tu parles d'une question… »

Déstabilisé à mon tour – Max avait donc été témoin de la façon dont la première enseignante rencontrée avait fait référence à eux –, je m'empressai de répliquer du tac au tac : « Désolé, mais nous ne devons pas utiliser le même type de dictionnaire, car, pour moi, T.C. ne veut pas dire Troubles du Comportement, mais plutôt Très Capable, Très Correct ou Totalement Compétent. Voilà qui vous en bouche un coin, pas vrai ? Et je pourrais décliner encore longtemps ma liste de synonymes ; elle est très longue, vous savez. »

La réaction ne tarda pas à se faire entendre : « Trop cool, M'sieur ! Trop cool ! »

SOUS L'ŒIL DE GUSTAVE

Les acrostiches adaptés, voilà une technique que Stéphane affectionne particulièrement. En utilisant ce type d'acrobaties littéraires au moment opportun, souvent en plein cœur d'une animation, il arrive ainsi à aborder de façon simple et amusante des notions qui sont parfois obscures ou complexes. Ou encore à relancer l'attention lorsqu'il se rend compte qu'il commence à parler tout seul. Et en tant que témoin privilégié de ces pirouettes stylistiques, je peux vous dire que ça marche pratiquement à tous les coups.

C'est sûr qu'au début, la méthode suscite quelques rires étonnés. Mais peu de temps s'en faut pour que l'intérêt se manifeste et que ce qui, de prime abord, apparaissait rébarbatif, devienne soudainement digne d'intérêt. « Trop cool, Steph, trop cool » entend-on souvent une fois l'effet de surprise passé. À preuve qu'un petit artifice d'animation peut parfois être d'un grand secours.

Finalement, l'expérience d'animation avec le groupe 29 s'est avérée des plus positives. Ce que n'a pas manqué de souligner l'enseignante spécialisée qui en avait la responsabilité.

Tout cela n'avait pourtant rien d'un exploit. Gustave et moi n'avions qu'amené ces jeunes à porter sur eux un regard dépassant la catégorisation dans laquelle il est si facile – et si rassurant – de les enfermer. Il en faut parfois bien peu pour les amener à relever la tête. Un regard, un geste, une attitude suffisent souvent.

QUESTION D'ATTITUDE

« Vous êtes monsieur Paradis, j'imagine ? » me demande un homme en sarrau blanc au moment où je me dirige vers le local où allait se tenir la seconde animation. « Il me fait plaisir de faire votre connaissance. Nous allons nous revoir un peu plus tard dans la journée, ajouta-t-il tout en s'enquérant de l'expérience que j'avais vécue jusque-là, je suis titulaire du dernier groupe inscrit à votre horaire. »

Lorsque je lui fis part de tout le plaisir que j'avais eu à rencontrer le groupe 29, j'ai vite senti que nous étions sur la même longueur d'ondes. « Vous me voyez heureux d'entendre cela, reprit-il. Je suis tout à fait d'accord avec vous, il y a quelque chose à faire avec ces jeunes-là. À condition de croire en eux, bien évidemment, et de les amener à faire de même. J'ai vraiment hâte que vous rencontriez mes élèves. Eux aussi ont grand besoin de se faire confirmer dans ce qu'ils sont. »

Quelle différence d'approche entre cet homme, empreint de sensibilité et de considération pour les jeunes qui en arrachent, et cette enseignante, à l'approche méfiante et suspicieuse, rencontrée à peine une heure plus tôt. À travers le discours de l'une, je ne pouvais m'empêcher d'entendre : « Ah, tiens ! Une étiquette de

T.C. qui traîne. Apposons-la rapidement à quelqu'un à qui ça convient. Il ne faudrait pas que des T.C. traînent dans l'école sans qu'on puisse les repérer facilement. » Tandis qu'à travers l'attitude et les paroles de l'autre, j'entendais plutôt : « T.C. ? Toi, mon gars, tu n'as pas besoin de ça. Enlève-toi ça de l'esprit et du cœur et apprends à aller ton chemin avec tes forces et tes faiblesses. »

Tout ne se résume évidemment pas à une question d'approche positive ou d'attitude malheureuse. Il y a des réalités qui ne peuvent être contournées, des profils de personnalité qui exigent qu'on leur accorde une attention particulière et qu'on les traite parfois de façon spécifique. Heureusement, nous bénéficions d'un système d'éducation qui, malgré ses limites et ses failles, offre un soutien adapté à ceux qui, justement, éprouvent des difficultés à suivre le rythme et à acquérir une somme de connaissances équivalente à celle exigée de l'ensemble.

Mais encore faut-il que l'on aille plus loin que la catégorisation à tout vent. Que l'on fasse montre de sensibilité et d'intelligence du cœur pour que celui ou celle qui se trouve concerné sente qu'il vaut plus que les deux petites lettres qu'on lui appose. C'est une question d'estime et de survie.

ÉTIQUETTE DÉTACHABLE

Nos écoles regorgent d'enseignants et d'intervenants animés d'un surplus de bienveillance et de compréhension et sachant poser sur les élèves affublés d'un trouble du comportement un regard authentique et valorisant. Il en est cependant – n'est-ce pas inévitable ? – dont la peur et les préjugés leur font parfois poser des regards ou prononcer des paroles qui broient dans l'œuf toute estime personnelle. Serait-il pour autant justifié de qualifier ces derniers de T.C. ? De Totalement Contraire... à la vocation d'enseignant !

Je n'ai aucune idée de ce que les étudiants du groupe 29 ont retenu de mon intervention. Ont-ils bien saisi le message que j'ai voulu leur transmettre ? Ont-ils réussi à faire la part des choses entre ce que Gustave et moi désirions qu'ils retiennent et les préjugés dont ils sont trop souvent l'objet ? Nous n'en saurons jamais rien.

Une chose est certaine cependant, c'est que Maxime vaut beaucoup plus que l'étiquette qu'on lui a accolée. Espérons maintenant qu'il a continué de rencontrer sur sa route des ***AS*** – des ***A***dultes ***S***ignifiants – pour lui rappeler qu'il est beaucoup plus qu'un T.C.

Le plus grand bien que nous puissions faire aux autres n'est pas de leur communiquer notre richesse, mais de leur révéler la leur.

Louis Lavelle, philosophe et métaphysicien français.

ATTITUDES L.E.A.D.E.R.S.

« Les mots, ça fait souvent plus mal qu'une claque au visage », me confiait un jour Claudie, 11 ans, à la sortie d'un atelier où j'avais beaucoup insisté sur l'importance que ceux-ci peuvent revêtir dans le cadre de nos échanges de tous les jours avec ceux et celles qui nous entourent. À constater la grisaille qui teintait son regard, je devinais qu'elle avait été très tôt confrontée, tout comme Maxime, au poids de paroles blessantes comme des torpilles et tranchantes comme des couteaux.

Pourtant, lorsqu'utilisés avec discernement et mesure, les mots peuvent constituer un matériau de premier choix dans le fondement de l'estime de soi d'un enfant ou d'un jeune. Point besoin de posséder un vocabulaire étendu pour les toucher dans ce qu'ils ont de plus sensible et de plus fragile. Il suffit d'inculquer à ce que l'on dit ce petit supplément d'âme qu'on appelle le ton. Il n'en faut pas plus pour qu'une insulte se transforme en compliment.

La vie de tous les jours regorge d'occasions permettant à un ***A***dulte ***S***ignifiant de s'exprimer de manière à renforcer la confiance et l'estime personnelle des plus jeunes qui sont placés sous sa gouverne. Qu'il s'agisse :

◊ des petits matins, où un court message d'encouragement, inséré dans l'étui à crayons, peut faire toute une différence en vue de l'examen qui aura lieu en cours de journée ;

◊ des retours de l'école, moments privilégiés pour confirmer les aptitudes et les talents d'un enfant ou d'un jeune et l'encourager à repousser ses limites ;

◊ des repas familiaux, lieux par excellence pour leur apprendre à s'exprimer de façon respectueuse et à mesurer l'immense pouvoir des mots ;

◊ des mises au lit, dont l'atmosphère se veut propice à la mise en valeur de trois expériences de vie, tirées des derniers jours, dont l'enfant est particulièrement fier ;

◊ des veilles de compétition, où une lettre déposée sur l'oreiller, avant qu'ils se retirent dans leur chambre, peut servir d'invitation à d'abord se mesurer à eux-mêmes avant de se confronter aux autres ;

◊ de toutes les occasions, d'importance ou pas, pouvant servir de prétextes à la réaffirmation de l'amour qu'on leur porte.

Même si, dans le cadre de l'édification de son estime personnelle, l'essentiel demeure de reconnaître l'enfant ou le jeune d'abord et avant tout pour ce qu'il est, il est tout aussi important de ne pas se désintéresser de ce qu'il fait ou de ce qu'il projette d'accomplir. Dans cette optique, le rappel de ses accomplissements s'avère un contributeur particulièrement efficace pour nourrir son sentiment de compétence, si précieux dans le renforcement de son estime personnelle. Pour ***L***es ***E***x-enfants qui ***A***ident ***D***es ***E***nfants à ***R***éaliser qu'ils sont ***S***péciaux sensibles à cette approche, il existe deux moyens tout simples permettant d'amener jeunes et enfants à prendre appui sur ce qu'ils font de mieux.

Le premier consiste à la mise en place d'un *cahier de réussites* dans lequel l'enfant est invité à répertorier – que ce soit par le biais de notes écrites, de photos ou de dessins – des événements, des réalisations ou des moments qui se sont avérés particulièrement positifs dans sa vie. En plus d'actualiser ce qu'il a de meilleur en lui, cet instrument lui permet de prendre la mesure de sa valeur ainsi que de la progression que l'enchaînement de ces faits de vie fait apparaître.

Le second, appelé *jarre du bonheur*, fait pour sa part appel à la participation de chacun des membres de la famille. Il s'agit d'un objet essentiellement formé d'un pot de dimension moyenne – en verre, de préférence, afin de laisser voir ce qu'on y dépose –, ayant pour fonction de recueillir les billets évoquant, dates et détails à l'appui, des occasions particulièrement heureuses vécues en famille, à l'école ou au travail. L'exercice consiste par la suite, à quelques reprises au cours de l'année, à extraire de la jarre les gribouillis en question et à procéder au rappel des événements auxquels ils font référence. En plus de susciter plaisanteries et rigolades, l'évocation de ces souvenirs a comme effet de relativiser – en les mettant en perspective avec des événements heureux – certains passages à vide que peuvent vivre l'un ou l'autre membre de la famille.

Comme on peut le constater, la vie de tous les jours nous offre d'innombrables moyens, simples et peu coûteux, d'accompagner nos jeunes dans leur cheminement vers leur plein accomplissement. Il suffit de nous faire attentifs aux messages qui nous sont envoyés, de même qu'à ceux qu'il nous est possible de transmettre par le biais des mots que nous employons.

Rappels inspirants

- ✔ Pour moi, T.C. ne veut pas dire Troubles du Comportement, mais plutôt Très Capable, Très Correct ou Totalement Compétent.
- ✔ La peur et les préjugés amènent parfois des parents et des enseignants à poser des regards ou prononcer des paroles qui broient dans l'œuf toute estime personnelle chez l'enfant. Serait-il pour autant justifié de qualifier ces adultes de T.C. ? De Totalement Contraire… à la vocation d'éducateur !
- ✔ Point besoin de posséder un vocabulaire étendu pour toucher les enfants et les jeunes dans ce qu'ils ont de plus sensible et de plus fragile. Il suffit d'inculquer à ce que l'on dit ce petit supplément d'âme qu'on appelle le ton. Il n'en faut pas plus pour qu'une insulte se transforme en compliment.

Élodie
L'interdiction castratrice

« Ah non, Stéphane ! Tu ne commenceras tout de même pas le camp en nous imposant une liste de règlements comme si nous étions à l'école ou à la maison. Pour une fois que nous pouvons profiter de la nature et laisser aller notre fou, ce n'est pas le temps de jouer à la police. Allez le grand, respire par le nez, et viens t'amuser avec nous. »

C'est ainsi que, du haut de ses onze ans, la frêle mais néanmoins résolue Élodie m'interpellait au moment où débutait un camp de trois jours basé sur les fondements de l'estime de soi. Instituée au début du nouveau millénaire sur la base d'un concept dont j'avais esquissé les contours, cette activité a constitué un élément majeur du programme JeunEstime du Club des petits déjeuners pendant plus d'une décennie.

L'exercice regroupait une trentaine de jeunes âgés de dix à douze ans de diverses provenances. Le tout se tenait à l'écart de la ville, dans un environnement champêtre prêtant à l'amusement et au plaisir. C'est pour cette raison, qu'étant donné le rapport pour le moins disparate que chacun entretenait avec les civilités et les convenances, j'avais considéré à propos d'établir, d'entrée de jeu, quelques règles de conduite, de façon à éviter les débordements et les dérapages.

Le problème, c'est que nous avions, comme équipe d'animateurs, un peu forcé la mesure. Non seulement avions-nous établi vingt règles – vingt ! –, débutant pratiquement toutes par *ne pas*, mais nous nous étions appliqués de surcroît à les présenter aux jeunes comme s'il s'agissait d'un code de procédure appelé à régir le quotidien d'un pénitencier à sécurité maximum. Ce que dénoncèrent, à leur façon, les propos d'Élodie.

Plutôt que d'en prendre offense – l'interpellation de celle qui avait osé se compromettre était on ne peut plus pertinente –, nous en avons profité pour réajuster le tir. Nous avons d'abord convenu de nous en tenir à un maximum de cinq règles, ce qui apparaissait nettement plus acceptable et assimilable pour des jeunes qui, malgré leur jeune âge, étaient déjà en quête de liberté et d'autonomie. Puis, question de nous assurer qu'ils se trouvent directement concernés, nous les avons impliqués dans le processus de formulation de celles que nous estimions nécessaires au bon fonctionnement des activités.

Le résultat fut aussi révélateur que positif. Non seulement se sont-ils montrés plus exigeants que nous avions pu l'être, mais ils ont également fait montre de plus de sévérité lorsqu'est venu le temps d'appliquer les sanctions correspondantes aux dérogations et aux manquements. Ce renversement de situation ne tenait pourtant qu'à l'élimination de deux tout petits mots : *ne pas*. C'est ainsi qu'un précepte comme *Nous ne devons pas courir inutilement au camp* s'est vu transformé en

Nous convenons ensemble de marcher à l'intérieur des espaces balisant le camp. Le simple fait d'éliminer la négation dans les formules utilisées soulagea les règlements de leur caractère contraignant, les rendant du coup plus acceptables et plus facilement conciliables avec la frivolité et l'insouciance des jeunes qui étaient appelés à s'y soumettre.

L'interdiction ne constitue-t-elle d'ailleurs pas souvent une invitation directe à la transgression ? Nous en avions pourtant fait l'expérience de façon très concrète lors de la tenue du tout premier événement de ce genre. Dès leur arrivée, nous avions informé les enfants qu'il était défendu de faire usage de l'imposante cloche, située à l'entrée du bâtiment principal, parce qu'elle avait comme unique fonction de rassembler les résidents et les visiteurs lors de situations d'urgence. À peine eûmes-nous le dos tourné, que trois d'entre eux s'étaient déjà assurés de la faire tonitruer de tous ses sons. Se peut-il, que dans la formulation initiale de nos règlements, nous ayons omis de tenir compte de l'effet souvent incitatif de l'interdiction ?

Sous l'oeil de Gustave

Même si Stéphane et moi ne sommes pas toujours des modèles de discipline et de comportement, nous avons mis au point une formule qui, au fil des ans, s'est avérée drôlement pratique lorsque nous avons à délimiter l'encadrement d'un groupe de jeunes que nous sommes appelés à animer. Il s'agit de la formule des 3R. R pour Reconnaissance – Réparation – Rachat.

Reconnaissance – En tant qu'enseignant, parent, éducateur, formateur ou animateur, il est de notre devoir de reconnaître les aptitudes et les talents des tout-petits et des jeunes dont nous avons la charge. Il n'est pas nécessaire qu'ils soient engagés dans des projets d'envergure ou des compétitions de haut niveau pour ce faire. Notre responsabilité d'***A***dulte ***S***ignifiant consiste plutôt à nous rendre attentifs à toute situation susceptible de leur faire prendre conscience des ressources qu'ils possèdent pour atteindre leurs objectifs et même les dépasser. Encore importe-t-il de faire montre de perspicacité et de constance, éléments de caractère par lesquels on reconnaît les champions du renforcement positif.

Réparation – Comme personne n'est parfait – et encore moins lorsqu'on en est au stade des essais et erreurs –, il importe d'accorder à l'enfant ou au jeune qui peine à se montrer à la hauteur des attentes la possibilité de réparer sa faute. Il s'agit là d'une occasion privilégiée pour lui de prendre la mesure des conséquences inhérentes à ses décisions et à ses actes. Beaucoup plus qu'un vœu pieux, il importe que ce mouvement de recul le conduise à poser des gestes concrets de rétractation et de rétablissement des liens qui soient à la mesure de l'écart de conduite déploré. « Tu as blessé un ami ? Excuse-toi et demande-lui pardon. Tu ne te sens pas en mesure de le faire directement ? Écris-lui une lettre. Tu as fait des dommages à une propriété ou à des biens ? Casse ta tirelire et offre de participer aux réparations. » Voilà des façons de faire qui compromettent et responsabilisent.

Rachat – Pour qu'un enfant ou un jeune arrive à acquérir une solide estime de soi, il importe qu'il se trouve affranchi, une fois réparation faite, des bêtises qu'il a pu causer. Il serait en effet irresponsable, avilissant même, de l'enfermer dans ce qu'il a pu commettre d'inconvenant ou de blâmable. Les conducteurs fautifs ne récupèrent-ils pas la totalité de leurs points d'inaptitude lors du renouvellement de leur permis de conduire ? Nombre de criminels ne sont-ils pas admis à une libération conditionnelle au sixième de leur peine s'ils maintiennent une conduite irréprochable et qu'ils font montre de bonnes intentions ? Ce n'est donc pas en l'identifiant à ses bêtises que l'on permettra à un jeune de grandir et de se développer.

Chose certaine, comme Stéphane se plaît à le rappeler, ce n'est pas en envoyant un enfant réfléchir dans sa chambre qu'on arrive à le responsabiliser et à le convaincre de revoir son comportement. Il est plus que temps de cesser de se raconter des histoires. Lorsqu'on le somme de faire ça, pense-t-on vraiment qu'un jeune, aussi repentant puisse-t-il se montrer, ira s'étendre sur son lit, l'œil fixé au plafond, en s'autoflagellant pour ce qu'il a pu faire ou ne pas faire ? Soyons réalistes, tout de même... Les enfants sont bien plus futés et perspicaces qu'on veut bien souvent l'admettre. Ce ne serait pas plutôt les adultes qui gagneraient à faire montre de plus de lucidité et de clairvoyance dans leurs rapports avec eux ?

Modifier la perception de nos jeunes face aux prescriptions qui doivent régir leur vie, quel beau défi pour le parent ou l'éducateur désireux de faire d'eux des adultes confiants et responsables. Bien qu'il apparaisse nécessaire et stimulant, il s'agit cependant d'un exercice périlleux. Encadrer consiste en effet à se montrer, d'une part, ouvert et à l'écoute, tout en faisant montre, d'autre part, de fermeté et de constance.

Si c'est ainsi que je l'expérimente dans le cadre de mon travail d'animation et de renforcement de l'estime de soi, je me réjouis de ne pas être le seul à percevoir les choses de cette façon. Il est intéressant de constater que les spécialistes de la définition que sont les – petits ! – Larousse et Robert reconnaissent eux aussi qu'encadrement et ouverture ont tout avantage à se conjuguer au même temps et à la même personne. Le premier décrit l'encadrement comme étant *ce qui entoure une ouverture*, tandis que le second parle de la fermeté comme étant *la qualité d'une personne qui a de l'autorité sans brutalité*. Comme on peut le constater, l'approche qui s'annonce la plus efficace se situe donc loin de la fermeture, terme qui présente d'hasardeuses accointances avec les mots *interdiction* et *enfermement*.

Qu'ils soient plus téméraires et expressifs, à l'image d'Élodie, ou plus timides et hésitants, comme ses camarades de camp qui se sont spontanément ralliés à ses propos sans mot dire, les enfants ont besoin d'être entourés de balises leur permettant de reconnaître et de suivre la voie les conduisant à leur pleine réalisation. Encore faut-il qu'ils entendent plus de *tu as tout avantage à* que de *ne pas* de la part de ceux et celles à qui il revient de définir les limites de ce nécessaire encadrement. Il en va de la confiance qu'ils sont appelés à développer en leurs moyens et l'estime qu'ils seront en mesure de se porter.

Les mots ont un pouvoir aussi incisif qu'insoupçonné. Ils sont comme cette graine déposée en terre et dont on ne peut mesurer l'importance du germe qui en résultera. Pour devenir champion du renforcement positif, il importe de continuellement affermir les messages lancés à nos jeunes en faisant usage de mots plus appropriés et davantage chargés de sens. Dire, redire et répéter ; ne jamais hésiter à inspirer un enfant ou un jeune par les mots, voilà la clé. Sinon, on s'enferme dans des non-dits, on s'embrouille à travers des boutades lancées à la légère et on se perd de vue à cause de phrases trop vite oubliées.

« À force de leur dire qu'ils sont fins, qu'ils sont beaux et qu'ils sont capables, n'y a-t-il pas danger de verser dans une enflure verbale qui risque de déposséder nos propos de leur message ? » s'interrogent certains adultes, préoccupés de savoir s'ils s'y prennent correctement pour renforcer l'estime personnelle de leur enfant. « À défaut de continuellement travailler pour renforcer leur confiance en eux, me plais-je à leur répondre, veillons autant que possible à ne pas travailler contre ! »

Tu me dis, j'oublie.
Tu m'enseignes, je me souviens.
Tu m'impliques, j'apprends.

Benjamin Franklin, écrivain et homme politique américain.

ATTITUDES L.E.A.D.E.R.S.

Il n'est pas nécessaire que des adultes se voient confier la responsabilité d'une trentaine de jeunes, pendant une fin de semaine complète, pour qu'il presse de revoir et préciser les règles gouvernant l'attitude des uns et les comportements des autres. Il suffit que des incompréhensions et des tensions s'installent entre membres d'une même famille pour qu'il vaille la peine d'établir des balises favorisant une plus grande harmonie au sein de la dynamique commune.

Une façon simple et efficace de procéder consiste en l'établissement d'un accord manifeste régissant les responsabilités et obligations de chacun. Lorsque l'enfant est encore en bas âge, il peut être conclu sur la base d'un simple engagement verbal. Une fois que le jeune est en mesure d'en comprendre les modalités et d'en saisir les subtilités, l'accord en question gagne cependant à être rédigé en quelques lignes. En plus d'éliminer les ambiguïtés, la forme écrite présente l'avantage de réduire les risques d'interprétation.

Pour que cette entente porte ses fruits, il importe cependant qu'elle réponde à trois conditions. *Primo*, que les formulations soient claires et précises. Une directive qui se résumerait à *[L'enfant] verra à maintenir un rangement raisonnable dans sa chambre* a ainsi toutes les chances de ne pas produire les effets escomptés. Le même énoncé trouverait plutôt avantage à se lire comme suit : *[L'enfant] s'engage à faire son lit chaque matin au lever, à ranger ses vêtements dans son garde-robe et sa commode, à faire sa toilette avant le déjeuner*, etc.

Considérant qu'une action a toujours plus de chances de produire les transformations espérées si elle implique au premier plan le ou les principaux concernés, il importe, en second lieu, qu'un accord parent-enfant associe directement quête de liberté et sens des responsabilités. Dans cette optique, l'heure du coucher, les sorties entre amis et l'utilisation du cellulaire, à titre d'exemple, entrent dans la catégorie des privilèges. Pour que l'enfant ou le jeune conserve ces prérogatives ou s'en voie octroyer de nouvelles, il importe que l'accord précise ce que le parent attend du jeune en termes de renforcement ou d'amélioration. Il s'agit là d'une façon privilégiée pour lui d'apprendre à reconnaître la valeur de l'effort et à ne pas considérer les avantages qui lui sont accordés comme des choses dues.

Enfin, pour qu'un accord de ce type favorise l'avènement et le maintien de l'harmonie familiale, il est de toute première importance que les engagements de chacun fassent l'objet d'une description détaillée. En plus de sensibiliser l'enfant ou le jeune à la somme de même qu'à l'importance des engagements que ses parents assument déjà, une telle énumération permet d'instaurer ou d'intensifier le respect que sont appelés à se porter chacune des personnes concernées.

Étant donné que cette formule d'accord fait appel à certaines dimensions plus intemporelles de l'être humain, il faut également que les adultes se montrent compréhensifs et indulgents face aux hésitations et aux égarements qui ne manqueront pas de ponctuer le parcours de ceux et celles qui sont encore en apprentissage de la vie. C'est pourquoi un tel contrat trouvera avantage à être réévalué sur une base mensuelle, de façon à être resserré au besoin ou, encore, bonifié de privilèges supplémentaires.

Le plus important, dans toute cette démarche, c'est de faire preuve de constance et de cohérence, de façon à ce que tous les *ne pas* en viennent à se transformer en *nous convenons ensemble de*. De cette façon, tout le monde sera en mesure de respirer par le nez et de donner cours à sa folie lorsque le temps sera venu de le faire !

Rappels inspirants

- ✔ Se peut-il, que dans la formulation initiale de nos règlements, nous omettions parfois de tenir compte de l'effet souvent incitatif de l'interdiction ?
- ✔ Encadrer consiste, entre autres, à se montrer, d'une part, ouvert et à l'écoute, tout en faisant montre, d'autre part, de fermeté et de constance.
- ✔ Dire, redire et répéter ; ne jamais hésiter à inspirer un enfant ou un jeune par les mots, voilà la clé. Sinon, on s'enferme dans des non-dits, on s'embrouille à travers des boutades lancées à la légère et on se perd de vue à cause de phrases trop vite oubliées.

Paul-Henri

L'exemple inspirant

Bien qu'il ait été un enseignant émérite et apprécié, Paul-Henri est un homme de peu de mots. De ceux qui ne sont pas particulièrement enclins à mettre leurs émotions et leurs tripes sur la table. Ainsi, lorsque vient le temps d'exprimer les sentiments qui l'animent, un simple *PH* au bas d'une carte de souhaits acquise à la pharmacie du coin lui apparaît suffisant pour personnaliser le tout.

Mais si le moyen employé peut sembler minimaliste, c'est le regard que mon père pose sur moi lorsqu'il me tend l'enveloppe qui inculque au geste tout le sens recherché. L'expression émanant de ses yeux lorsqu'il les plonge dans les miens donne à son griffonnage une valeur aussi grande que l'autographe de mon joueur de hockey préféré. L'amour qu'il y met transcende tous les mots et tous les silences.

Tout au long de son parcours de prof, Paul-Henri a pratiquement toujours enseigné les mathématiques. Pas n'importe lesquelles ; les fortes. Celles qui font sourire d'aise ceux pour qui le mot « maths » résonne comme un appel au jeu, et qui font frémir les autres pour qui l'opération mathématique la plus simple prend des allures de casse-tête aux mille morceaux.

À une époque encore récente, question de s'éloigner de la frénésie du quotidien, Paul-Henri aimait se retirer sur sa terre à bois, située dans le petit village de Saint-Pierre-Baptiste, à une vingtaine de kilomètres de Plessisville dans la région des Bois-Francs. Le *Terrain*, comme mon frère et moi l'avions surnommé, était situé tout juste à l'arrière du mont Apic, un centre de plein-air et de glisse connu et apprécié de la région. Il rassemblait tous les éléments susceptibles de faire le bonheur de deux jeunots qui ne demandaient qu'à se laisser étonner par ce que la campagne avait d'inédit à leur offrir : un potager où poussaient des légumes, des fraises et des framboises des champs qui n'attendaient que des cueilleurs, un lac aux canards, un ruisseau à truites, un parc animalier des plus diversifiés ainsi qu'une petite cabane à sucre.

Devenu à nos yeux d'enfants une nouvelle planète à explorer, le Terrain constituait à lui seul le paradis de tous nos jeux. Mon cadet Philippe et moi passions des heures à nous balancer à l'aide du vieux pneu qui pendait au bout d'un câble noué à une branche du chêne le plus solide de l'endroit. Et, comble du bonheur, grâce à l'ingénieux et inoffensif piège qu'avait concocté notre paternel, il nous était possible de capturer divers petits rongeurs que nous relâchions sitôt que nous avions eu loisir de les observer d'un peu plus près.

Ce qui m'a amené, un jour où je me suis retrouvé seul avec Paul-Henri, à vouloir m'approcher d'encore plus près de ces petites bêtes qui m'apparaissaient de si agréable compagnie. « Apprends-moi à apprivoiser les écureuils », lui demandai-je. C'est alors qu'au bout de quelques minutes, il revint équipé de l'attirail du parfait dresseur : un bout de fil à pêche transparent, une poignée d'arachides en écales, un couteau de poche et, curieusement, un pot de beurre d'arachides.

Après m'avoir expliqué de quelle façon nouer l'appât à une extrémité du fil, nous partîmes à la recherche de l'endroit s'avérant le plus propice à notre chasse improvisée. « Et le pot de beurre de peanuts, on fait quoi avec ? » lui demandais-je tout en marchant à ses côtés. « Sois patient, tu verras, on le garde pour le dessert », me répondit-il, animé de l'assurance tranquille de celui qui en avait vu d'autres.

Une fois repéré un amoncellement de branches qui avait toutes les allures d'une coopérative d'habitations occupée par d'innombrables petites bêtes du secteur, Paul-Henri mit son stratagème en place. Tels des pêcheurs attendant que le poisson morde à l'hameçon, nous retenions notre souffle en espérant voir apparaître une paire d'yeux, un museau remuant ou quelques moustaches frétillantes.

Et – Dieu merci ! – le moment tant attendu ne tarda pas à se produire. Un tamia rayé bondit presque sitôt sur notre cacahuète. Une fois surmontée la résistance qu'elle présentait – mon père refusant, à l'autre bout, de donner du lest au fil – le petit suisse, comme l'appellent les gens de la ville, libéra l'objet de sa convoitise d'un coup de dents acérées et repartit tout de go se terrer dans ce qui lui servait d'abri.

« Mais P'pa, tu l'as laissé partir avec la peanut ! » lui dis-je, incapable de cacher ma déception. « Sois sans crainte, mon gars, je ne la lui ai pas laissée. Je n'ai fait que lui ouvrir l'appétit. » J'étais tout aussi médusé qu'admiratif. Quelle stratégie ! pensais-je en secret. Mon père, c'est vraiment le plus fort, aucun doute là-dessus. Un fin tacticien. Le meilleur, le plus grand, le Jedi-en-chef, c'est officiel. La suite allait d'ailleurs m'en fournir de nouvelles preuves.

Sans perdre une seule minute, Paul-Henri reprit le même stratagème en ramenant cette fois lentement l'arachide vers lui de façon à rapprocher l'écureuil de nous. Une fois qu'il eut répété l'exercice, en resserrant chaque fois la distance nous séparant de la bête, je me retrouvai à quelques mètres à peine de l'animal. « Tu es maintenant en mesure de faire le reste tout seul, me lança mon modèle et complice avant de se retirer dans la roulotte nous servant de pied-à-terre. Tu n'auras qu'à m'appeler si tu as besoin. »

« Et le beurre de peanuts ? » lui demandai-je, inquiet, convaincu qu'il l'avait oublié. « Tu verras, il servira bien en temps et lieu », me fit-il comme réponse. Peu de temps s'en fallut pour que, après quelques manœuvres en solo, je me retrouve presque à bout de bras de l'animal. Ça y est, c'est gagné, que je me suis dit. Encore une toute petite fois et je pourrai lui caresser le dos.

J'étais si sûr de m'être fait un nouvel ami que je lui donnai un nom. Bajou, le baptisai-je, pour des raisons m'apparaissant évidentes. Or, voilà qu'à ma grande déception, il n'allait pas continuer à s'approcher aussi près que je l'avais souhaité. J'avais beau mettre à sa portée mes plus belles cacahuètes, gazouiller pour l'attirer à moi, rien n'y faisait. Il gardait, comme on dit, ses distances. Jusqu'à ce que je décide – oh ! éclair de génie ! – d'enrober mon appât de beurre de peanuts.

Ce qui donna lieu au miracle attendu avant même que j'aie le temps d'enrouler le fil autour de ma cacahuète *all dressed*. Le museau frétillant, les yeux hagards et la salive humectant ses babines, Bajou franchit d'un seul coup les quelques centimètres nous séparant pour venir engouffrer l'arachide… dans le creux de ma main ! J'étais au comble du bonheur. Quatre heures pour atteindre mon but. Quatre heures ! Presque autant que j'en passais chaque jour sur les bancs d'école. Heureusement, il allait m'en falloir pas mal moins quand viendrait le temps de répéter l'expérience. Ainsi, au cours des semaines qui suivirent, lorsque je tentai de nouveau le coup avec Bajou, il mit chaque fois moins de temps pour se rapprocher, au point où il en vint à se précipiter vers moi sitôt que je me présentais à l'entrée de sa cache avec une arachide à la main.

Quelle leçon que ce vieux prof de Paul-Henri venait de me servir : la motivation, c'est comme l'appétit, il s'agit de la susciter pour qu'elle se manifeste. Elle est en tous points comparable à l'établissement d'une nouvelle relation. Ça demande du temps, de la patience… et beaucoup de peanuts ! L'expérience démontre également qu'il est toujours possible de bâtir un lien de confiance, avec un être, aussi méfiant et distant qu'il puisse paraître de prime abord. Il suffit de faire montre d'audace, d'initiative et, lorsque les résultats escomptés tardent à venir, à ne pas hésiter à sortir le beurre d'arachides ! Ce qu'ont compris depuis longtemps un prof de maths ainsi qu'un tamia rayé soucieux de dépasser les limites auxquelles semblait le contraindre son univers naturel. Il s'agissait simplement de le rassurer et de lui en donner le goût.

Preuve était faite que mon père est vraiment le plus fort.

Sous l'œil de Gustave

Ce que ce sacripant de Stéphane ne vous dit pas, c'est que Paul-Henri n'est pas seulement passé maître dans l'art de manipuler les chiffres et les nombres, mais qu'il est également un homme de parole.

Un jour que celui qui allait devenir mon complice et ami revenait de la pêche près du ruisseau longeant la fameuse terre à bois où il aimait tant se retrouver, il lança à son père, du haut de ses dix ans : « P'pa, j'suis trop heureux ici. Si un jour tu décides de vendre le Terrain, promets-tu de me le réserver à moi, ton gars ? » Après un long silence attestant davantage de sa surprise que de son hésitation, Paul-Henri laissa tomber un bref, mais tout de même convaincant, « OK ».

Quelle ne fut pas la surprise de Stéphane lorsque, vingt ans plus tard, il reçut un appel de son père l'informant qu'il s'apprêtait à mettre en vente l'endroit qui s'était avéré le carrefour de leurs plaisirs et de leur complicité. « Si ça t'intéresse toujours, je suis prêt à te considérer comme mon acheteur numéro un. »

Que son père se soit rappelé la promesse qu'il lui avait faite deux décennies plus tôt plonge Stéphane dans un état admiratif sans bornes chaque fois qu'il en fait le récit, même si, pour des raisons pécuniaires et organisationnelles, il n'en a finalement pas fait l'acquisition. Ce qui démontre à quel point une promesse tenue peut être porteuse de signification pour un enfant.

Homme de peu de mots que ce Paul-Henri ; mais homme de promesses tenues cependant !

Si tu veux construire un bateau, ne dis pas à tes hommes ce qu'ils ont à faire, mais parle plutôt de la nostalgie de la mer.

Antoine de Saint-Exupéry, écrivain, aviateur et reporter français.

ATTITUDES L.E.A.D.E.R.S.

Selon Germain Duclos, un psychoéducateur et orthopédagogue qui a consacré plus de quarante ans de sa vie à la compréhension du développement de l'enfant et de l'estime de soi chez les jeunes, il n'y a pas d'élève paresseux, il n'y a que des enfants en déficit de motivation. Ce qui, pour l'***A***dulte ***S***ignifiant que nous sommes tous appelés à être, représente un pressant défi, soit celui consistant à attiser et à maintenir allumée cette flamme mobilisatrice dans le cœur de ceux et celles qui ont encore tout à apprendre de la vie.

Voilà un projet qui, dans son énoncé, s'avère fort interpellant et potentiellement gratifiant. Mais dans la réalité quotidienne des parents, des enseignants et des éducateurs de tout acabit, comment cela est-il appelé à prendre forme ?

En ce qui me concerne, j'estime qu'il importe d'abord de mettre l'accent sur les *raisons* pour lesquelles nous insistons auprès de nos jeunes pour qu'ils s'intéressent aux apprentissages qui leur sont proposés, plutôt que sur les *façons* de s'y prendre pour assimiler ces connaissances et obtenir l'attestation désirée. Lorsque, pour les inciter à redoubler d'efforts, nous insistons sur les *Comment* plutôt que sur les *Pourquoi*, nous faisons ainsi appel à leurs réflexes au détriment de leur capacité de comprendre, ce qui est loin de constituer une forme de renforcement de leur confiance et de leur estime personnelle. Des jeunes à qui nous aurons appris à établir des liens entre le bagage de connaissances qu'ils sont en mesure de s'approprier par le biais de leurs études, et l'usage qu'ils pourront éventuellement en faire dans le cadre de leur vie quotidienne, seront plus susceptibles de trouver un sens à ce qui leur est demandé de faire et de vivre à l'école. Et d'y trouver intérêt.

Il importe ici de considérer que, tout comme l'estime de soi, l'intérêt pour le savoir et la culture se transmet d'abord et avant tout par l'exemple. Un parent qui prend plaisir à acquérir de nouvelles connaissances a toutes les chances d'inculquer à son enfant le goût de se rendre à l'école chaque matin afin d'éprouver la même satisfaction. Un ***A***dulte ***S***ignifiant qui fait montre de curiosité intellectuelle, qui manifeste de l'ouverture à l'égard de différents univers culturels, ou qui prend le temps de lire en présence des jeunes qui l'entourent accrédite, par sa seule attitude, ce qui se vit et s'enseigne à l'école. Il en est de même pour l'enseignant pleinement investi dans sa tâche ou qui se montre soucieux de développer une approche personnalisée avec ses élèves. Sa façon d'être et de faire conditionnera tous ceux et celles qui se retrouveront dans ses salles de classe.

Il est plus qu'impératif qu'en matière d'enseignement et d'éducation à la vie, l'exemple vienne appuyer le discours. Sinon, les énoncés et les théories, aussi novatrices et visionnaires soient-elles, risquent de faire place aux plus mortels ennuis et aux plus vifs déplaisirs.

Bien qu'il n'y ait pas de recette miracle afin de motiver un enfant, certaines approches s'avèrent tout de même plus prometteuses et opérantes que d'autres. L'important demeure d'établir et de maintenir un dialogue ouvert et édifiant avec l'enfant concerné. Il ne faut surtout pas qu'il y ait de gêne à poser des questions. L'enfant est-il en mesure d'identifier les raisons l'amenant à manquer à ce point de motivation ? Les difficultés qu'il éprouve sont-elles communes à toutes les matières ou relèvent-elles uniquement de quelques-unes d'entre elles ? Sa démobilisation pourrait-elle être liée à des difficultés de nature relationnelle, que ce soit avec ses camarades, ses enseignants ou tout autre autorité en place ?

Il existe quelques moyens simples et efficaces en mesure d'inculquer le petit supplément d'élan qui s'avère parfois nécessaire pour recréer l'enthousiasme chez un enfant ou un jeune qui peine à trouver sa motivation. Un de ceux-ci consiste à la mise en place du cahier de réussites (voir pages 89 et 90). Beaucoup plus que de simples souvenirs, une fois cumulées, celles-ci pourront faire office d'encouragement et de réconfort aux moments opportuns : « Si tu as si bien réussi par le passé, pourquoi ça ne serait pas de nouveau possible aujourd'hui ? » porteront-elles comme message.

Il se peut toutefois que des mesures de ce genre s'avèrent insuffisantes dans certains cas. Il importe alors de se tourner du côté de l'enseignant concerné ou de la direction d'école pour convenir de moyens plus éprouvés à mettre en place afin de redonner ou d'accroître la motivation de l'enfant. Il existe également des spécialistes, comme Germain Duclos, qui sont en mesure de fournir un soutien encore plus adapté. Il ne faut surtout pas hésiter à les consulter.

Chose certaine, il importe de renverser la tendance qui voudrait faire croire, particulièrement aux jeunes générations, que la facilité constitue un raccourci valable et fondé, et qu'il n'est pas illusoire de penser que la gratification puisse précéder l'effort. Des sophismes de ce genre conduisent des jeunes, comme ce gaillard de 14 ans, rencontré au hasard d'une animation dans une école, à croire qu'il lui est encore possible d'accéder à la Ligue nationale de hockey alors qu'il n'a toujours pas chaussé une paire de patins de sa vie ! Obnubilé par son désir de vouloir cumuler les millions et les honneurs, il semble oublier que de telles conquêtes ne se font qu'à coups d'efforts et de recommencements.

Puisqu'il n'y a pas d'élève paresseux mais plutôt des enfants peu ou pas suffisamment motivés, il importe donc que tout ***A***dulte ***S***ignifiant incite ceux et celles qui sont sous sa responsabilité à multiplier les efforts et à ne pas craindre les difficultés et les contretemps. Ce faisant, un enfant qui aura réussi à se relever à la suite d'un revers ou d'une épreuve aura toutes les chances de devenir un adulte résilient pour qui un échec ne sera guère plus qu'une expérience en mesure de le porter plus haut et plus loin. Jusqu'à sa pleine réalisation.

Car si l'abandon n'est pas une option, il est aussi permis – et même souhaitable ! – de se tromper, car les détours et les erreurs font aussi partie de l'apprentissage.

Rappels inspirants

- ✔ La motivation, c'est comme l'appétit, il s'agit de la susciter pour qu'elle se manifeste. Elle est en tous points comparable à l'établissement d'une nouvelle relation. Ça demande du temps et de la patience.
- ✔ Des jeunes à qui nous aurons appris à établir des liens entre le bagage de connaissances qu'ils sont en mesure de s'approprier par le biais de leurs études, et l'usage qu'ils pourront éventuellement en faire dans le cadre de leur vie quotidienne, seront plus susceptibles de trouver un sens à ce qui leur est demandé de faire et de vivre à l'école.
- ✔ Il est plus qu'impératif qu'en matière d'enseignement et d'éducation à la vie, l'exemple vienne appuyer le discours. Sinon, les énoncés et les théories, aussi novatrices et visionnaires soient-elles, risquent de faire place aux plus mortels ennuis et aux plus vifs déplaisirs.

Simone
L'audace profitable

Diplôme en main depuis plus d'un an maintenant, Simone n'a rien de l'enseignante établie et confortée par une permanence lui permettant de s'investir totalement dans un environnement prévisible et repérable. Confinée à l'itinérance professionnelle, elle est de celles qui naviguent d'une école à l'autre en quête d'un éventuel port d'attache. Ce qui amène certains de ses collègues et de ses proches à la surnommer affectueusement *School Slinky,* en référence à ce jouet de métal souple en mesure de se déplacer d'un point à un autre sous l'effet d'une impulsion minimale.

Ce nomadisme obligé ne l'empêche toutefois pas de faire preuve d'initiative et d'ingéniosité lorsque vient le temps de capter l'attention de ceux et celles qui se retrouvent sous sa gouverne. Issue de la génération ayant pris plaisir à amadouer les parcours labyrinthiques des premiers jeux vidéos, de même qu'à résoudre les énigmes du *Club des 100 watts*, Simone est depuis longtemps familière des situations exigeant souplesse et polyvalence. Ainsi n'est-elle jamais à court d'artifices pour surprendre et intéresser ses élèves. Qu'il s'agisse de trouver de nouvelles façons de les accueillir, d'introduire des variations dans le ton de sa voix, de varier ses déplacements dans l'espace qui lui est assigné, de glisser une pointe d'humour à un moment opportun, d'offrir un petit supplément d'écoute lorsque la situation l'exige, Simone s'ajuste aux contextes et aux circonstances.

Mais le succès qu'elle obtient ne tient pas à sa seule capacité d'adaptation. Afin d'établir ou de renforcer – et parfois même de relancer – sa relation avec ses élèves, la jeune enseignante aime bien partager quelques-unes des expériences qui l'ont amenée à transgresser ses craintes et ses hésitations. Elle souhaite ainsi aider les jeunes à prendre un peu plus conscience de l'audace et de la témérité dont ils auront éventuellement à faire montre une fois parvenus à l'âge adulte. Les mathématiques, le français, la musique et la géo, c'est bien beau, fait-elle comme réponse à ceux et celles qui questionnent ses méthodes, mais il ne faut pas oublier que c'est dans leur âme et leur cœur que s'articulera la trame de leur vie.

COÏNCIDENCE OPPORTUNE

L'un de ses récits favoris, et qui ne manque pas de faire l'objet de rappels et de questionnements de la part des jeunes qui ont l'occasion de l'entendre, a trait à ce jour où, par un heureux hasard de la vie, elle s'est retrouvée confrontée à ce qui constituait à la fois son plus grand souhait et sa plus vive crainte. Le tout a commencé par une lettre de confirmation en provenance du comité organisateur d'un important congrès d'enseignants de niveaux primaire et secondaire censé se tenir au printemps suivant. *Chère madame,* pouvait-on lire, *nous sommes heureux de vous annoncer que votre projet d'atelier portant sur la différenciation des apprentissages a été retenu. Veuillez noter qu'il sera inséré à l'ensemble des activités offertes en option aux congressistes participants. Un responsable de la programmation entrera sous peu en contact avec vous afin de convenir des détails. Au plaisir de faire votre connaissance...*

Question de faire honneur à la confiance qui lui était témoignée, Simone s'affaira à peaufiner sa présentation avec une ardeur comparable à celle qui l'anime dans la préparation de ses activités quotidiennes. Pour être intéressante, il faut se montrer intéressée, se répétait-elle comme un mantra, chaque fois qu'elle se remettait à sa table de travail. Prête comme une doctorante au moment de défendre sa thèse, c'est cependant une question en apparence banale de Caroline, la présentatrice qui se préparait à l'introduire auprès des congressistes inscrits à son atelier, qui la déstabilisa complètement. « Mon désir le plus fou ?, lui répondit Simone, tout aussi intriguée que stupéfaite, sauter en parachute ! »

« Eh bien !, s'étonna Caroline à son tour, sûrement étions-nous dues pour nous rencontrer. Je suis justement directrice d'un centre de parachutisme dans la région de Québec. Si tu es prête à t'y présenter avant la fin de l'été, je t'invite à faire ton premier saut, tous frais payés, enregistrement vidéo à l'appui. Question de te rassurer et de te permettre de profiter pleinement de l'expérience, je m'assurerai que tu sois placée en tandem avec un de nos meilleurs maîtres instructeurs. Lorsque tu seras prête, tu n'auras qu'à me donner un coup de fil pour convenir de la journée et de l'heure. » Se rappelant l'exhortation lancée par son directeur de stage, quelques années auparavant – « Il faut savoir sauter dans le train quand on sent que l'occasion est unique » –, Simone fit en sorte de ne pas laisser passer sa chance. Trois jours plus tard, les arrangements étaient pris.

BONHEUR DÉLIRANT

La journée venue, tout semblait s'être donné le mot pour que cette aventure se transforme en un moment d'exception. Le ciel était complètement dégagé, les vents variaient de faibles à modérés et la température était on ne peut plus agréable. En se présentant sur le site avec son invitation en main, Simone fut intriguée par les manifestations de joie et de satisfaction qui jaillissaient des quatre coins de l'espace réservé à l'atterrissage de ceux et celles qui avaient pris le départ avant elle. « Ça ne te rassure pas un petit peu ? », lui lança Thomas, son amoureux et complice, pour tenter de la rassurer. Mais la parachutiste en herbe était trop absorbée par l'excitation du moment pour entendre quoi que ce soit.

Jumelée à Fabrice, un instructeur expérimenté ayant exercé son métier aux quatre coins de la planète, Simone n'eut pas le loisir de se complaire très longtemps dans ses hésitations et ses peurs. « Enfile ceci, attache cela, assure-toi de bien tendre les sangles, insista-t-il auprès d'elle une fois que les consignes de sécurité furent établies. Puis à peine eut-elle salué Thomas d'un geste de la main qu'elle se retrouva, le cœur battant au rythme du bimoteur qui l'emportait, à plus de 14 000 pieds dans les airs. « Lorsque je te demanderai de te pencher, lui dit Fabrice, tu t'accroupis, tu prends une grande respiration et tu plonges. N'aie crainte pour le reste, je resterai accroché à toi tout au cours de la descente. »

Lorsque la porte latérale de l'appareil s'ouvrit, et que le caméraman fut passé devant, Simone n'eut d'autre choix que de s'abandonner totalement à celui qui faisait tandem avec elle. « N'oublie surtout pas de savourer chaque instant qui vient », se permit-il de lui rappeler au moment où plus rien ne les retenait à quelque repère fixe.

Le reste releva essentiellement de l'ivresse et de la jubilation. Au cours des quarante secondes qui suivirent, Simone embrassa littéralement le ciel de même que le vent qui fouettait son visage dans un sifflement continu. L'exaltation était à son comble.

Puis survint la tape sur l'épaule indiquant que le temps était venu de procéder à l'ouverture du parachute. Après avoir donné à Simone la soudaine impression d'être aspirée vers le haut, le déploiement de la toile engagea le tandem dans une lente descente où un silence monacal fit place au bruissement continu qui avait précédé. « Regarde, juste ici, c'est l'île d'Orléans, signala Fabrice, puis de ce côté, le pont Pierre-Laporte, et tout là-bas, tel un petit point blanc, c'est ton *chum*... » Bonheur délirant, voilà comment Simone qualifia les quatre minutes qui s'écoulèrent entre son vol plané et l'atterrissage qui suivit.

En touchant terre, elle ne put retenir ses larmes. Que du bonheur, ne cessait-elle de répéter à ceux et celles, proches ou inconnus, qui la félicitaient pour son audace et sa témérité.

FORMULE GAGNANTE

Quelques mois plus tard, l'anecdote servit d'amorce à une rencontre de parents animée par l'enseignante pour qui la qualité d'une relation est gage de réussite. « Qui d'entre vous a déjà sauté en parachute ? lança-t-elle d'emblée pour susciter leur curiosité. 40/4, ça vous dit quelque chose ? Je fais ici référence aux quarante secondes de chute libre précédant les quatre minutes de descente en douceur. La petite barre oblique entre les deux renvoie au fait d'être attaché. Si j'ai vécu un des plus extraordinaires *trips* de toute ma vie – et, surtout, si j'ai pu en profiter pleinement –, c'est parce que j'étais reliée à quelqu'un qui m'inspirait et qui me donnait confiance. N'eût été cette combinaison, jamais je n'aurais eu l'audace de me rendre au bout de mon rêve… et de ma peur ! »

Même si elle a plein d'autres anecdotes en réserve, l'évocation de celle-ci en salle de classe ne manque jamais de produire son lot d'effets. Intrigués par l'excentricité de la manœuvre et par les talents de narratrice de leur enseignante, les jeunes en redemandent. C'est alors qu'en institutrice passionnée et passionnante qu'elle est, elle en profite pour leur rappeler, en citant Marcel Proust, que « L'audace réussit à ceux qui savent profiter des occasions. »

Foi de *School Slinky.*

Sous l'oeil de Gustave

L'expérience de vol plané qu'a vécue Simone dans le ciel de Québec n'est pas la seule figurant au parcours du couple qu'elle forme avec Thomas. S'il vous arrive un jour de faire un brin de jasette avec cette enseignante au profil aussi généreux qu'inventif, ne vous étonnez pas si, en plus de l'aventure qui l'a amenée à expérimenter ce qu'était un 40/4, elle vous glisse quelques mots sur son bref passage à Annecy quelques années auparavant.

Ville historique française sise au pied d'une montagne et bordée d'un magnifique lac, son décor idyllique fut maintes fois reproduit sur carte postale. Du fait de sa situation privilégiée, elle est devenue le théâtre de descentes en parapente, cette activité s'apparentant au parachute, qui par la forme et l'étendue de la voilure utilisée permet à l'usager de se diriger à sa guise et de demeurer dans les airs presque aussi longtemps qu'il lui plaît.

Même s'il était loin d'être un adepte de tout ce qui pouvait se rapprocher de ce qu'on qualifie de sports extrêmes, Thomas, désireux de marquer de quelques péripéties son premier voyage en Europe, décida de profiter des quelques heures passées à Annecy avec Simone pour s'offrir sa toute première descente.

À la différence du parachutisme, le parapente nécessite que l'usager, en effectuant quelques pas de course, fasse gonfler la voile préalablement à son envol. C'est ainsi qu'après une trentaine de minutes d'une interminable cavalcade en véhicule tout-terrain, il se retrouva tout en haut du terrain pentu duquel il devait s'envoler.

Son guide n'était toutefois visiblement pas animé d'une prévenance comparable à celle qu'allait afficher Fabrice à l'endroit de Simone quelques années plus tard. « Quand je te dis, cours, tu cours », furent pratiquement les seules directives qu'il se borna à émettre. Une fois l'attirail revêtu, Thomas n'eut par conséquent d'autre choix que de s'élancer, sous l'œil amusé de sa partenaire, vers l'extrémité de la falaise qui constituait sa rampe de lancement.

Mais bien qu'il était animé des meilleures dispositions qui soient, les choses ne se sont pas déroulées comme prévu. Pris de panique alors qu'il lui restait à peine deux mètres à parcourir, il s'arrêta net, provoquant du coup un léger dégonflement de la voilure. « Cours, putain, cours », hurla l'accompagnateur au jeune Québécois. Bien qu'un peu courte, l'exhortation s'avéra suffisante pour inciter Thomas à reprendre sa course et, enfin, à prendre son envol.

C'est le sourire aux lèvres que Simone raconte aujourd'hui cette anecdote. Selon ce qu'il en a dit par la suite cependant, Thomas a eu la peur de sa vie. Dans son cas, son hésitation lui a un peu forcé la main pour qu'il fasse confiance. N'empêche, en allant au bout de lui-même, son expérience est venue entériner ce qu'affirmait un jour avec à-propos l'écrivain espagnol Francisco de Quevedo : « La plus grande audace est fille de la plus grande peur. »

De quoi interpeller tous les jeunes dont les plus vives aspirations sont souvent liées à leurs plus grandes appréhensions...

Tous les enfants ont du génie,
le tout est de le faire apparaître.

Charlie Chaplin, acteur et réalisateur britannique.

ATTITUDES L.E.A.D.E.R.S.

Qu'on se rassure tout de suite ! Nul n'est tenu de sauter en parachute pour arriver à vaincre ses peurs ou transgresser ses limites. Encore que, dans certains cas, l'expérience peut grandement servir à reconsidérer quelques critères de réussite.

L'un des plus préoccupants questionnements auquel l'enfant ou l'adolescent se trouve confronté a trait à ses chances de *réussir dans la vie*. Acteur en devenir d'une société où la liste des opportunités et des possibilités ne cesse de s'allonger, il se voit mis sous pression dès le moment où il entre en contact avec ses pairs. Être le meilleur, le premier, toujours, tout le temps, au mieux, à l'extrême, voilà en quoi consistent les diktats d'une société qui n'en a trop souvent que pour l'apparence et l'instantanéité. Mais est-ce là la meilleure façon de motiver un jeune à devenir ce qu'il est ? Ne serait-il pas plus indiqué de lui faire voir des pistes d'accomplissement susceptibles de lui inculquer le sentiment d'être à sa place, au sein d'une dynamique d'ensemble en mesure de le révéler à lui-même et de lui procurer le sentiment d'être utile ? Autrement dit, de lui montrer le chemin qui l'amènera à *réussir sa vie* !

Mais que doivent faire ***L***es ***E***x-enfants qui ***A***ident ***D***es ***E***nfants à ***R***éaliser qu'ils sont ***S***péciaux pour aider un jeune à trouver sa voie sans qu'il se laisse influencer par des potentialités souvent prometteuses mais pas nécessairement garantes de réalisation de soi et d'accomplissement personnel ?

Nous garder, tout d'abord, de lui faire quitter l'enfance trop rapidement. Il importe en effet que les transitions avec lesquelles il sera appelé à composer s'effectuent à son rythme, dans le plus grand respect de ce qu'il est et de ce qu'il peut ressentir. Puis, dans un second temps, en le mettant en présence de situations ou de gens en mesure de l'amener à préciser ses goûts et ses ambitions et à reconnaître ce qui fait de lui quelqu'un d'unique et de fondamentalement important pour la société dans laquelle il sera appelé à évoluer.

Les occasions pour ce faire sont multiples. Les maisons et les habitations en hauteur fascinent un élève ? Invitons un architecte, un ingénieur, un menuisier ou un courtier en immeubles à venir parler de son métier ou de sa profession devant la classe. Un jeune prend plaisir à se trouver en compagnie des personnes âgées ? Proposons-lui de faire quelques heures de bénévolat par semaine au centre d'accueil le plus près de chez lui. Un autre, du genre touche-à-tout, démontre de l'intérêt pour différents types d'activités ? Demandons à une policière, un mécanicien automobile, un vétérinaire ou une esthéticienne de lui consacrer une heure ou deux pour répondre aux questions qui l'intriguent. Une chambre d'ado se trouve placardée de photos et d'affiches d'une chanteuse, d'un musicien ou d'un humoriste, dénichons son adresse courriel et invitons-le à lui écrire. Les coordonnées de ces personnalités se trouvent la plupart du temps sur leurs sites Internet respectifs. Vous les croyez trop occupés ou trop *big* pour répondre ? Attention aux renoncements ou aux abandons trop rapides ; les surprises en ce sens sont chose fréquente.

Il n'y a pas si longtemps, une étudiante qui nourrissait une passion pour la science et la magie a eu le bonheur d'obtenir réponse à ses questions directement de l'illusionniste Luc Langevin à qui elle s'était préalablement donné la peine d'écrire. À combien évaluez-vous le supplément de motivation qu'est venu ajouter le résultat de cette démarche au désir de cette jeune fille de devenir un jour magicienne ? Elle est, depuis ce temps, plus que jamais en mesure d'établir des liens directs entre ce qu'elle apprend aujourd'hui, sur les bancs d'école, et ce qu'elle pourrait être appelée à faire plus tard.

Il s'agit là de quelques petits trucs tout simples qui peuvent s'avérer immensément profitables pour le devenir du jeune. Une fois mis en contact avec une diversité de métiers et de professions, d'expertises et d'expériences, l'enfant ou l'élève sera plus à même d'identifier ses aspirations et ses goûts, de reconnaître ses forces et ses faiblesses, d'établir ses priorités et ses valeurs et, enfin, de faire les choix de carrière et de vie qui lui conviennent véritablement.

Pour y arriver, il importe cependant d'inciter l'enfant ou le jeune à sortir de sa zone de confort, à faire l'expérience de ce qui l'intrigue et à le sensibiliser aux bienfaits de l'audace. Il s'agit là, pour lui, d'une invitation à se lancer dans le vide, et pour nous, en tant qu'***A***dultes ***S***ignifiants, à faire office d'attache sécuritaire et de présence rassurante, à la manière de la barre oblique reliant le 40 au 4 dans le cadre d'un saut en parachute.

Rappels inspirants

- ✔ Les mathématiques, le français, la musique et la géo, c'est bien beau, mais il ne faut pas oublier que c'est dans l'âme et le cœur des jeunes que s'articulera la trame de leur vie.
- ✔ « Si Simone a vécu un des plus extraordinaires *trips* de toute sa vie – et, surtout, si elle a pu en profiter pleinement –, c'est parce qu'elle était reliée à quelqu'un qui lui inspirait et lui donnait confiance. N'eût été cette combinaison, jamais elle n'aurait eu l'audace de se rendre au bout de son rêve… et de sa peur ! »
- ✔ Gardons-nous de leur faire quitter l'enfance trop rapidement. Il importe en effet que les transitions avec lesquelles les jeunes seront appelés à composer s'effectuent à leur rythme, dans le plus grand respect de ce qu'ils sont et de ce qu'ils peuvent ressentir.

Alexandre
L'insatiable quête d'attention

Alors que plusieurs enseignants redoutent les groupes dans lesquels se retrouvent de futurs candidats autoproclamés de l'École nationale de l'humour, j'adore, pour ma part, me confronter au défi que représente leur désir de se mettre en évidence. L'expérience m'a en effet appris qu'un élève qui cherche à se démarquer en faisant son petit comique cache souvent un urgent besoin d'être reconnu et apprécié de ceux et celles sur qui il s'emploie à exercer une forme ou l'autre de leadership.

Pour ces spécialistes de la répartie, il s'agit la plupart du temps d'une sorte de jeu s'apparentant aux échanges que l'on retrouve sur une table de ping-pong : je blague, tu blagues, je te lance une plaisanterie, tu me la retournes, je formule une boutade, tu essaies de me la faire échapper. Lorsque je me prête à ce genre d'échange avec un jeune, je finis la plupart du temps par susciter son écoute et gagner sa confiance, du simple fait qu'il s'imagine m'avoir emberlificoté à sa guise. Alexandre est de ceux-là.

Nous sommes à la vingtième minute de l'animation que je suis venu faire devant son groupe de première secondaire, et le temps est venu d'aborder quelques-uns des éléments plus réflexifs de la présentation. Comme je tiens à ce qu'une atmosphère propice à l'introspection s'installe dans la classe, je cesse un moment mes bouffonneries et mes cabotinages. En espérant qu'Alexandre ne profitera pas de l'occasion pour y aller d'une autre de ses pitreries improvisées.

Je me rends toutefois vite compte que mes craintes sont injustifiées. À part quelques-uns qui se tortillent sur leur chaise ou qui, visiblement, sont partis à la découverte d'une autre planète, je les sens attentifs et réceptifs aux messages que je cherche à leur transmettre. Le regard approbateur et complice de l'institutrice, placée en retrait tout au fond de la classe, confirme mes impressions. « *Yessss…* » me dis-je intérieurement avant d'entreprendre, plus confiant que jamais, le dernier segment de ma présentation.

Mais voilà que, au moment où je m'apprête à m'accoutrer de nouveau de mon nez de clown et à redonner la parole à Gustave, Alexandre lève la main en arborant le sérieux d'un ministre qui s'apprête à annoncer une hausse d'impôt : « As-tu des enfants, Steph ? » Instantanément, les vingt-six paires d'yeux qui se trouvent devant moi se transforment en énormes points d'interrogation. Est-ce une question vraiment réfléchie et intéressée de sa part ou la reprise annoncée d'un nouveau duel de mots pour rire ?

« Euh, non… enfin, pas directement », que je lui réponds, en me disant que ce n'est pas le temps ni le moment pour lui expliquer que l'enfant que je chéris, c'est la fille de ma blonde, et que... « Es-tu bien sûr de ne pas en avoir ? » qu'il reprend, comme pour s'assurer que cette fois-ci, il ne s'agit pas d'une joute de ping-pong humoristique. « Parfaitement sûr, Alex. Du moins, je le crois... Pourquoi donc cette question ? »

« Parce je me prête candidat pour être ton fils... »

Cette déclaration inattendue fige littéralement tout le monde. Lou, Noémie, Florence, Arnaud, Laurie-Maude et les autres, habitués de se bidonner joyeusement chaque fois qu'Alex prend la parole, cherchent une façon de réagir. Alors que d'aucuns se demandent s'ils n'ont pas raté le punch, la majorité s'esclaffe d'un rire embarrassé tirant dangereusement sur le jaune. Faute de ne pouvoir faire mieux, j'esquisse pour ma part un sourire retenu : « Je vais prendre ça pour un compliment, Alexandre, merci. »

J'ai d'abord cru qu'il s'agissait là d'une façon bien à lui de me provoquer et de me montrer qu'il était tout aussi capable d'esprit que d'humour. La suite des choses allait cependant prendre une tournure pour le moins imprévue. Sans plus d'explications, voilà qu'il se ferma comme une huître et que son regard se fixa soudainement à son pupitre ; plus de main levée pour demander la parole, plus de pointes d'humour pour attirer l'attention, plus de bravades pour s'assurer du regard admiratif des autres. Bien que je le devinai habité d'un profond malaise, je poursuivis l'atelier, perplexe, après avoir pris soin de me retourner un instant vers le tableau afin – soi-disant – d'enlever la poussière que je prétendais être la cause de la larme qui jaillissait au coin de mon œil.

La réponse à mes interrogations n'allait cependant pas tarder à venir. Au moment où la cloche annonçant la fin de la période se fit entendre – provoquant, comme c'est l'habitude dans toutes les écoles, une irrésistible ruée vers la porte de sortie – voilà qu'Alexandre, seul et à contre-courant de tous ses camarades de classe, s'avança en ma direction : « Merci pour ton atelier, Steph, c'était vraiment cool », me dit-il avant d'aller rejoindre Florence, Arnaud et les autres.

C'est alors que la titulaire du groupe fit un pas vers moi pour me tendre la clé de l'énigme : « Stéphane, je crois qu'il faut que tu saches : Alexandre n'a jamais connu son père... » Telle était donc la raison pour laquelle j'avais ressenti tant d'émotion dans sa demande d'adoption et tant de malaise chez ses petits camarades qui, eux, étaient, bien sûr, au courant. Sapré Alex, il venait de m'en faire vivre toute une...

Sous l'oeil de Gustave

Les humoristes en herbe comme Alexandre ont de quoi retenir leur souffle un moment lorsque Stéphane se présente dans leur classe pour la première fois. Fidèle à sa volonté de surprendre afin de mieux capter l'attention, mon ami n'hésite pas à emprunter, l'espace d'un moment, un comportement qui va complètement à l'encontre de ce qu'il est et du type d'animation que nous nous préparons à présenter.

Souliers rouges aux pieds, lunettes aux teintes assorties et valise de même couleur à la main, son accoutrement de saltimbanque annonce une heure à venir des plus étonnantes et des plus enjouées. Mais nos jeunes hôtes déchantent rapidement lorsque Stéphane, affichant un air sombre et conformiste, éteint les lumières et pose sa valise sur le premier bureau venu à la manière d'un militaire chargé d'une mission de vérification et de contrôle.

« Sabrina, lâche-t-il après avoir repéré le prénom sur la petite affiche posée à l'avant du bureau et avoir pris soin d'établir un contact visuel avec tous les autres, c'est quoi ce crayon qui traîne sur ton pupitre ? La consigne n'était-elle pas de tout ranger avant le début de l'atelier ? ajoute-t-il, figeant du seul ton de sa voix tous ceux et celles qui se trouvent tout autour. Merci de le faire disparaître à l'instant », conclut-il enfin au moment où les jeunes commencent à jeter des regards inquiets à leur enseignante.

Une fois tous les élèves bien déstabilisés, Stéphane pivote alors sur lui-même en s'esclaffant de rire, ouvre les lumières et leur lance un retentissant « Bonjour ! » comme s'il s'apprêtait à vivre avec eux des retrouvailles depuis longtemps souhaitées. Les appréhensions qui avaient commencé à poindre dans les yeux de ces jeunes font dès ce moment place à la complicité et la bonne humeur.

« Levez la main ceux qui ont cru un moment avoir affaire à quelqu'un d'ennuyant, d'intransigeant et d'autoritaire ? » interroge alors Stéphane, redevenu l'animateur amuseur que l'on connaît. Constatant qu'il a finalement réussi à duper tout le monde, il leur fait alors connaître l'objectif de son artifice d'animation.

« En me présentant à vous différemment de ce que je suis, j'ai tout simplement voulu vous montrer qu'il ne faut jamais se fier aux seules apparences. Essayez, vous verrez… Si vous vous donnez la peine d'aller au-delà de vos premières impressions, vous découvrirez que derrière des allures pas toujours agréables se cachent souvent des gens bien plus cool qu'ils en ont l'air. Et ça, ça vaut tout autant pour vos profs, vos coachs ou vos amis. »

En suscitant la réflexion de façon aussi déstabilisante, Stéphane espère ainsi que l'expérience trouvera résonnance chez ces jeunes lorsqu'ils seront confrontés à des enseignants ou de futurs camarades qui, de prime abord, leur inspireront plus d'aversion que de sympathie. Ou encore lorsqu'ils auront à côtoyer des humoristes en herbe qui, comme Alexandre, cachent souvent de bien grands drames derrière leurs sourires et leurs blagues.

Je ne saurai jamais ce que, cette journée-là, j'ai laissé dans le cœur d'Alexandre. Peut-être avait-il simplement besoin de se faire reconnaître pour ce qu'il avait de différent, pour ce qu'il avait d'unique. Je me suis toutefois longtemps demandé si, derrière l'humoriste confiant et fanfaron qui s'adressait à moi de la manière dont on le fait parfois avec un père Noël, se cachait un enfant qui, en me demandant de l'adopter, souhaitait tout simplement que les *étrennes* que l'on échange une fois l'an se transforment en *étreintes* à longueur d'année.

Comme le disait si bien Mère Teresa, « Les mots gentils peuvent être courts et faciles à dire, mais ils résonnent à l'infini. »

Chaque minute de cafard vous prive de soixante secondes de bonheur.

Blas de Otero Muñoz,
représentant de la poésie sociale en Espagne.

ATTITUDES L.E.A.D.E.R.S

Un soir que je venais de terminer une conférence offerte aux parents des enfants que j'avais rencontrés en cours de journée, une dame vint me rejoindre à ma descente de scène. Visiblement intriguée par l'emphase que j'avais mise sur l'importance de l'humour dans les relations à établir ou à approfondir avec les gens, elle me lança : « Moi, je ne suis pas drôle ; qu'est-ce que je fais ? » Puis elle se braqua devant moi, me fixant du regard, sans aucune expression, pas même le début du commencement d'un sourire ; rien. J'aurais toujours pu lui conseiller d'en rire, mais, dans les circonstances, c'eût été pour le moins contre-indiqué.

Question de lui fournir une réponse ne nécessitant pas un long exposé, j'extirpai du sac à poignées qui ne manque jamais de m'accompagner dans le cadre de mes animations et de mes conférences, deux souliers disparates : l'un, orangé et de petite taille, et l'autre, de cuir noir, semblable à ceux que l'on porte lors de sorties dites sérieuses. « Vous voyez celui-ci, Madame ? Il correspond à ceux que vous portiez lorsque vous étiez enfant. Vous jouiez, vous aviez du plaisir, sans plus vous poser de question. Quant au second, il correspond à ce que vous vous êtes mise à chausser une fois devenue *grande*. Tout un monde entre les deux, n'est-ce pas ? »

Puis, sans plus attendre, j'en exhibai un troisième qui avait pour rôle de lier les éléments de ma petite saynète. « Pour ce qui est de celui-là, de taille *adulte*, mais affichant néanmoins la même couleur désinvolte que le petit, il correspond à ceux que vous ne vous êtes peut-être jamais permis de porter. Alors, courez vite retirer la paire de chaussures de pointure *grand* mais de couleur *enfant* que vous avez enfouie au fond du garde-robe de vos rêves et vos aspirations. Ce sont elles qui sont susceptibles de vous conduire au seuil de la dérision et de l'humour… maîtres entremetteurs de la relation aux autres ! »

Pour bien des gens, il peut paraître difficile, sinon risible, d'introduire un peu d'humour dans leur vie. Il s'agit pourtant d'un agent et d'un conciliateur de tout premier choix lorsque vient le temps d'établir de nouvelles relations ou de rétablir celles qui ont été éprouvées par le temps et les événements. L'humour rapproche, console, dédramatise. Il donne aux larmes un goût sucré. Fils spirituel de cette forme d'esprit consistant à percevoir la réalité sous ses aspects les plus évocateurs de plaisir, le rire guérit, harmonise et apaise les tensions. « Il est le chemin le plus court entre deux personnes », a un jour affirmé avec à-propos l'acteur et scénariste anglais Charlie Chaplin. Comment ne pas croire qu'il constitue également un formidable – et efficace ! – raccourci entre l'enfant, son parent, son éducateur ou son enseignant.

Le problème, c'est que nous nous attardons, par excès de réalisme ou simple désabusement, à ce qui va mal, à ce qui a l'art de nous excéder et de nous déplaire. Pourtant, s'entraîner à rire n'est pas sorcier ; il y en a même qui s'en font une spécialité. C'est le cas de la conférencière Jeanne-Paule Desgagnés – auteure du livre *Souriez au suivant* – qui, après avoir dirigé un centre antistress, a élaboré et développé une approche des plus originales de thérapie par le rire. « La rigolothérapie, comme elle l'appelle, c'est l'art d'utiliser l'humour et le rire dans le quotidien, pour dédramatiser. » C'est d'ailleurs ce à quoi se consacre désormais cette philosophe de formation par le biais d'ateliers qu'elle anime à l'invitation d'entreprises, d'associations et d'institutions de toutes sortes.

Pour qui ne s'en trouverait pas encore convaincu, je me permettrai d'ajouter que plusieurs spécialistes de la santé physique et mentale n'hésitent pas à reconnaître au rire une fonction thérapeutique. Nombre d'entre eux ont en effet observé qu'en suscitant une augmentation de la sécrétion d'endorphines – ces hormones à propriétés antalgiques qui réduisent les excès d'adrénaline et de cortisol générés par le stress –, de même qu'en provoquant un accroissement d'anticorps de type immunoglobuline A, reconnus pour leur capacité protectrice contre les virus, les bactéries et autres micro-organismes, le rire peut constituer un puissant antidote à l'anxiété, à la dépression et au vieillissement prématuré, de même qu'une arme *drôlement* efficace contre des malaises et des dérèglements de toutes sortes.

Il est d'autant plus urgent de s'y mettre que, depuis nombre d'années maintenant, nous sommes en constant déficit de production en ce sens. Des études démontrent en effet que nous ne rions qu'une toute petite minute par jour en général, alors que la moyenne se situait autour de dix-neuf il y a à peine cent ans. Pour ceux qui s'y intéressent de près, la « posologie » indiquée afin de bénéficier d'un mieux-être et d'un mieux-vivre serait de quinze minutes par jour. Il y a donc tout lieu de donner raison à madame Desgagnés qui, dans le cadre d'une interview qu'elle accordait à un magazine populaire, se plaisait à dire que « Rire, c'est un travail sérieux ! »

À compter de maintenant, j'invite donc tous les adultes en quête de moyens originaux et efficaces pour établir et reconduire des contacts avec les jeunes qui les entourent, à se faire aller le risorius, ce petit muscle situé à la commissure des lèvres qui sert essentiellement à l'expression du rire. En souriant ainsi au suivant, nous risquons non seulement de provoquer une contagion dont nous serons les premiers affectés, mais également de créer des ouvertures dans des univers que nous croyions à jamais fermés sur eux-mêmes.

Pourquoi hésiter ? La part de risque est négligeable. À ce que je sache, le ridicule n'a jamais tué personne.

Rappels inspirants

- ✔ Je me suis longtemps demandé, si derrière l'humoriste confiant et fanfaron qui s'adressait à moi en me demandant de l'adopter, il n'y avait pas un enfant qui souhaitait tout simplement que les *étrennes* que l'on échange une fois l'an se transforment en *étreintes* à longueur d'année.
- ✔ L'humour rapproche, console, dédramatise. Il constitue un agent et un conciliateur de tout premier choix lorsque vient le temps d'établir de nouvelles relations ou de rétablir celles qui ont été éprouvées par le temps et les événements.
- ✔ Le problème, c'est que nous nous attardons, par excès de réalisme ou simple désabusement, à ce qui va mal, à ce qui a l'art de nous excéder et de nous déplaire. Pourtant, s'entraîner à rire n'est pas sorcier.

Marie-Claude
La compétence parentale

Dernière d'une famille de cinq enfants, Marie-Claude ne faisait visiblement pas partie des projets à court et moyen termes de ses parents. Une visite surprise de la cigogne, pourrait-on dire ! Cela ne l'empêcha toutefois pas d'être accueillie comme un véritable cadeau de la vie et de se voir entourée de tout l'amour auquel elle était en mesure de s'attendre.

L'enfant, « arrivée sur le tard » comme on le disait à une autre époque, a cependant vite compris qu'il lui faudrait jouer des coudes afin d'occuper la place qui lui revenait au sein de la fratrie. Fille de pomiculteurs, qui devaient travailler d'arrache-pied pour mener leur barque à bon port, Marie-Claude a tôt eu à composer avec les fréquents déplacements de ses parents de même que leurs heures de travail souvent prolongées par les aléas de la température et les multiples exigences de la clientèle. Contexte oblige, elle a donc rapidement appris à se tirer d'affaire par elle-même.

Ce qui n'a pas empêché la famille de Marie-Claude de constituer pour elle le lieu de tous les apprentissages et de tous les vécus. Marcher en forêt, admirer le ciel étoilé, faire saucette dans la piscine, chanter à tue-tête avant d'aller au lit, elle ne compte plus les plaisirs partagés avec ses trois frères et son unique sœur. À la fois bouc émissaire de leurs coups pendables et dépositaire de leurs petits et parfois gênants secrets, la benjamine saisit rapidement les obligations qu'impose la discrétion. Ce qui ne fit que renforcer la solidarité fraternelle.

SOCIALISATION ÉPROUVANTE

Puis arriva l'école, avec les plaisirs et les satisfactions liés à l'acquisition de connaissances mais également avec les chagrins et les déceptions inhérents à l'initiation à la vie en société. Ses frangins étant passés à une autre étape de leur parcours scolaire depuis quelques années déjà, la fillette ne put compter sur eux pour l'aider à contrer l'indifférence ambiante, à réagir aux occasionnels rejets, et, surtout, pour la défendre contre les différentes formes d'intimidation dont elle fut l'objet.

Plutôt que de se replier sur elle-même – et de donner raison, implicitement, à ceux et celles qui cherchaient à la troubler et à la paralyser par la peur –, elle développa le réflexe de s'affirmer, de dénoncer puis de garder la tête haute de manière à ce que les intimidateurs potentiels ne perdent plus la leur. Même si elles ont laissé dans leurs sillages certaines entailles au cœur et quelques ecchymoses à l'âme, les malveillances dont elle a été l'objet ont tout de même eu comme effet de renforcer le tempérament de celle dont la petite taille laissait bien peu deviner une telle force de caractère.

L'adolescence arrivée, la confiance qu'elle avait développée en ses moyens se vit renforcée par un prof d'éducation physique engagé et rigoureux – et exigeant la pareille de ses *apprentis sages* – qui s'appliquait à faire ressortir le meilleur de chacun de ses élèves. C'est avec des étoiles dans les yeux que Marie-Claude évoque l'effet manifeste que cet éducateur a eu sur son parcours d'étudiante et de femme en devenir. Juste, cohérent, inspirant par son attitude et étonnant par ses approches – du genre à demander à ses élèves de l'évaluer ! –, cet ***A***dulte ***S***ignifiant lui a non seulement donné le goût de se réaliser mais surtout de se dépasser en toutes choses.

C'est à son contact, à travers les nombreuses années où elle l'a eu comme *prof d'éduc*, que Marie-Claude apprit que tout être humain pouvait façonner le présent et le devenir de ses semblables. Pour ce faire, il suffisait de faire preuve d'initiative et de leadership – en d'autres mots, d'afficher une *Attitude L.E.A.D.E.R.S.* –, de ne jamais rien tenir pour acquis et d'avoir l'humilité d'admettre ses imperfections.

REMISES EN QUESTION

Puis vint l'époque des amours de jeunesse qui la confrontèrent aux réflexes protecteurs d'un père soucieux que les élans du cœur de sa fille ne transgressent pas les nombreuses recommandations qu'il lui fit et les quelques interdits qu'il lui imposa. Même si elle ne se gêna pas pour déplorer ce qu'elle considérait alors comme de la pensée rétrograde et de l'incompréhension paternelle, Marie-Claude finit tout de même par reconnaître – secrètement, il va sans dire ! – qu'encadrement et liberté pouvaient, effectivement, faire bon ménage. Elle constata en fait que ce qui pouvait, de prime abord, ressembler à des entraves et des interdits, ne constituait, au fond, que des préoccupations aimantes d'un parent-guide désireux que son enfant apprenne à développer de sains réflexes de prudence tout en faisant ses expériences de vie.

Une fois la vingtaine amorcée, la vie de Marie-Claude sembla cependant emprunter un profil plutôt prévisible. Elle épousa son amoureux de l'époque, mis au monde une fille issue de cette union et multiplia les emplois qui eurent en commun de la laisser sur sa soif d'engagement et de transformation de son milieu. La dynamique quotidienne se limita longtemps à l'astreignante combinaison métro-boulot-dodo. Jusqu'à ce que, dans un intervalle d'à peine douze mois, son père et sa mère décèdent.

Au-delà de la peine et de la désolation qu'elle a pu éprouver, les innombrables témoignages de reconnaissance et de respect qui leur furent rendus à la suite de leur disparition amenèrent la jeune femme à prendre toute la mesure de l'impact que ses parents, reconnus pour leur authenticité et leur amour de la vie, avaient pu avoir sur leur entourage immédiat et éloigné. D'éprouvants deuils, qui à leur façon, l'amenèrent à prendre en compte la fragilité de la vie de même que l'importance d'en saisir toutes les subtilités.

Les années qui suivirent ne manquèrent pas d'ajouter à ces épreuves de poignantes remises en question. Après avoir divorcé de son conjoint, elle se fit offrir le job auquel elle aspirait, l'obligeant cependant à renoncer à la sécurité d'un emploi prometteur et grassement rémunéré. Plutôt que de s'en désoler, elle y vit une occasion en or de mettre à profit l'héritage que lui avaient laissé un père et une mère ayant mené leur vie en fonction des valeurs et des convictions qu'ils priorisaient.

L'organisme de bienfaisance pour lequel travaille Marie-Claude depuis lors lui procure les sentiments d'accomplissement et de réalisation personnelle qu'elle avait si longtemps recherchés. Quiconque la côtoie de près l'entend d'ailleurs souvent remercier la vie pour les innombrables occasions qui lui sont offertes de redonner ce qu'elle a reçu, de mettre son expérience et son expertise au profit des autres, de même que pour les enrichissantes rencontres qu'il lui est donné de faire avec des individus qui, comme elle, cherchent constamment à faire une différence et à être la différence.

Même si on la sent bien à sa place, Marie-Claude n'ignore pas moins qu'il est parfois nécessaire de sortir de sa zone de confort pour passer à de nouvelles étapes, repousser des frontières et obtenir de nouveaux résultats. Avant de procéder à une réévaluation de ses priorités ou à une réorientation de ses engagements, elle s'assure cependant que les changements envisagés correspondent à ses valeurs et lui permettent de se réaliser, au regard de ses intérêts ainsi que de ceux des personnes impliquées. La vraie fille de son père et de sa mère...

Sous l'œil de Gustave

Dans le cadre d'un des ateliers que j'anime en compagnie de Stéphane, celui-ci demande aux jeunes de nous faire connaître le genre de boulot qu'ils aimeraient exercer une fois leurs études complétées. Bien que souvent convenues, certaines réponses ne manquent pas d'étonner. Comme celle de cet élève de sixième année qui déclencha l'hilarité générale en annonçant candidement qu'il désirait devenir pape.

« Oui, oui, je suis sérieux, Stéphane. Je veux devenir séminariste, prêtre, curé, évêque, cardinal… puis pape ! » reprit le garçon, en prenant la pause entre chacune des étapes évoquées de manière à n'en louper aucune. « Alors, vas-y, fonce, enchaîna Stéphane pour le rassurer, il y a tellement peu de relève, c'est sûr que les portes seront grandes ouvertes pour les candidats qui vont se présenter. »

On ne compte plus les fois où nous avons entendu de petits rires étouffés en salle de classe lorsqu'un élève avait l'audace de faire ouvertement part d'intentions s'écartant des standards établis. Une boulangère, un plâtrier, un mécanicien, une coiffeuse ? Ce à quoi Stéphane réplique invariablement : « Lorsqu'une cliente entrera dans ton salon – peut-être en seras-tu même propriétaire ? –, agis de manière à ce qu'elle en ressorte animée du sentiment d'être encore plus élégante et mieux dans sa peau qu'à son arrivée. Toi seule sais ce que tu seras en mesure de lui apporter : un surcroît d'entrain, une humeur plus agréable, un surplus de confiance en elle… Il n'en tient qu'à toi ! »

Ne dit-on pas avec raison qu'il n'y a pas de sot métier ? Marthe, la mère de Stéphane, avait une façon bien à elle de l'amener à préciser ses goûts et ses ambitions. « Fais ce que tu veux dans la vie, lui répétait-elle, mais n'oublie pas d'être heureux. C'est ça qui est le plus important, mon p'tit gars ! »

Il a tellement bien suivi ses conseils qu'il s'est créé une job sur mesure…

Le rejet dont Marie-Claude a jadis été l'objet l'a incitée à sensibiliser sa fille à l'importance de s'affirmer et de ne pas s'en laisser imposer. En donnant à Audrey les outils lui permettant de reconnaître sa valeur personnelle et de ne jamais faire fi de ses besoins, Marie-Claude se situe en tous points dans le prolongement de l'éducation que son père lui a conféré. Ses méthodes sont-elles pour autant infaillibles et irréprochables ? Bien sûr que non. Il n'y a pas de parents parfaits, tout comme il n'y a pas d'avocats qui gagnent toutes leurs causes. Elle sait cependant d'expérience que les valeurs qu'elle s'évertue à transmettre à son enfant – par la mise en place de quelques règles et, surtout, par le biais de l'exemple – ont un effet dont il n'est pas toujours possible de mesurer la portée directe et immédiate. Il s'agit d'un legs dont les fruits n'apparaissent souvent que plus tard… Lorsque les enfants volent de leurs propres ailes ou que les parents n'y sont plus.

Encadrer sans étouffer, favoriser les essais-erreurs, instaurer en tout et partout un climat de confiance, voilà qui peut grandement aider un enfant à développer son sens de l'initiative de même que sa capacité à se débrouiller. En balisant certaines des allées et venues de sa fille, le père de Marie-Claude lui a fourni l'une des plus belles preuves d'amour qui soient : le constant souci de son bien-être et de son bonheur. À preuve que fermeté n'est pas synonyme de fermeture ou d'incompréhension.

« Aimez-vous les uns les autres », peut-on lire sur la pierre tombale du brave homme. Une exhortation à savourer chacun des instants-bonheur de la vie de tous les jours au moment même où ils surviennent. « Aimez-vous les uns les autres », une invitation à laquelle Marie-Claude s'efforce chaque jour de répondre en faisant montre d'authenticité et de reconnaissance dans ses rapports avec les gens qui l'entourent. En ***A***dulte ***S***ignifiante qu'elle est devenue, elle a développé l'art de surprendre et d'éveiller à la nouveauté conjoint, parents, amis et collègues, de manière à leur faire vivre de nouvelles expériences susceptibles de les projeter dans un ailleurs toujours plus riche et sans cesse meilleur.

Pour ce que tu es, pour tout ce que tu donnes et nous fait vivre, jour après jour, pour ton leadership parental et pour toute l'affection que tu prodigues aux êtres qui croisent ta route, mon amoureuse, mon amie, ma compagne de vie, laisse-moi te redire que je t'aime et t'admire.

Rien n'est aussi contagieux que l'exemple.

François de La Rochefoucauld, écrivain français.

ATTITUDES L.E.A.D.E.R.S

À force de voir évoluer des parents, des enseignants et des éducateurs ayant à cœur le devenir des générations montantes, il m'est apparu qu'ils possédaient quelques attitudes et traits communs dans leur façon de créer un impact positif chez les jeunes. Voici, selon moi, ce qui fait de ces personnes des ***A***dultes ***S***ignifiants.

Un ***A***dulte ***S***ignifiant porte non seulement l'essentiel de son attention sur ce que l'enfant fait de bien, mais il n'oublie surtout pas de le lui dire. Ce faisant, il développe et renforce chez le jeune le réflexe de faire prioritairement appel aux qualités, talents, aptitudes et compétences qui sont les siens plutôt que de se comparer malencontreusement à son entourage et de se critiquer sévèrement.

En faisant montre de bienveillance, de gratitude et d'empathie, l'***A***dulte ***S***ignifiant donne à voir aux jeunes des valeurs qui font contrepoids à l'individualisme et au narcissisme ambiants.

L'***A***dulte ***S***ignifiant qui a appris à rester connecté à ses expériences de jeunesse, tant laborieuses qu'enrichissantes, est plus en mesure de saisir et de comprendre ce que vit un enfant et, par conséquent, de formuler des interventions appropriées.

L'***A***dulte ***S***ignifiant sait saisir les moments privilégiés que lui offre la vie quotidienne pour manifester à l'enfant son amour et son encouragement. Qu'il s'agisse du réveil ou du coucher, du départ ou du retour de l'école, il ne se fait pas avare de « Je t'aime », de mots-soutien et de phrases-encouragement de toutes sortes.

Incité par son désir d'instaurer un cadre stable et sécurisant pour l'enfant, l'***A***dulte ***S***ignifiant n'hésite pas à établir des règles de conduite claires et à se montrer cohérent et constant dans leur application. En plus d'établir un climat de confiance au sein de la relation, de telles balises aident le jeune à partir à la découverte de son unicité, gage d'une bonne estime personnelle.

Un ***A***dulte ***S***ignifiant fait en sorte de ne pas uniquement réagir aux propos de son enfant, mais plutôt d'entrer en contact avec lui par le biais d'une interaction empreinte d'écoute et de sensibilité à ce qu'il a à exprimer. Un dialogue sincère et authentique inculquera à l'enfant le sentiment qu'il est quelqu'un d'unique et d'important aux yeux de ceux et celles qui ont charge de son bien-être et de son éducation.

Comme on peut le constater, être parent, enseignant ou éducateur ne s'apprend pas dans les bibliothèques. Il n'y a pas, non plus, de mode d'emploi accompagnant un enfant à la naissance. Et la bonne vieille méthode *essais et erreurs*, bien qu'ayant fait ses preuves, n'a pas encore apporté réponses à toutes les questions. C'est pourquoi, comme me le rappelle souvent la maman avec qui je partage ma vie, il importe de faire le deuil de la perfection. Même si cela exige parfois de bien grands renoncements.

Aucun parent n'a toujours le mot juste, l'attitude recommandée ou l'intervention appropriée. Même ceux que nous considérons ou qui nous sont présentés comme des modèles ne sont pas parfaits. Le défi, au fond, ne consiste-t-il pas à tout simplement favoriser l'émergence de l'***A***dulte ***S***ignifiant qui sommeille en chacun de nous ?

Rappels inspirants

- ✔ Plutôt que de se replier sur elle-même – et de donner raison, implicitement, à ceux et celles qui cherchaient à la troubler et à la paralyser par la peur –, elle développa le réflexe de s'affirmer, de dénoncer puis de garder la tête haute, de manière à ce que les intimidateurs potentiels ne perdent plus la leur.
- ✔ Ce qui pouvait, de prime abord, ressembler à des entraves et des interdits, ne constituait, au fond, que des préoccupations aimantes d'un parent-guide désireux que son enfant apprenne à développer de sains réflexes de prudence tout en faisant ses expériences de vie.
- ✔ Un ***A***dulte ***S***ignifiant porte non seulement l'essentiel de son attention sur ce que l'enfant fait de bien, mais il n'oublie surtout pas de le lui dire.

Vincent

Père indifférent, fils fragilisé

Il est de ces jeunes qui, encore sur les bancs de l'école primaire de leur quartier, rivalisent de taille avec leurs aînés de la polyvalente. Vincent est un de ceux-là. Frêle et filiforme, il n'a cependant rien de ceux qui font la loi dans les corridors et les salles de jeu. Bien au contraire, *le grand*, comme l'appellent affectueusement ses camarades, est de nature timide et effacée. Du genre plutôt réfléchi et introverti.

C'est ce qui a amené Julie, son enseignante de sixième, à l'encourager à s'inscrire à un des camps de fin de semaine du programme JeunEstime du Club des petits déjeuners, un projet misant sur les fondements de l'estime de soi. Ça va sûrement l'aider à prendre confiance en lui, s'est alors dit celle qui, malgré les allures patibulaires de celui qui dépassait tout le monde d'une tête, n'avait jamais cessé de croire en ses possibilités depuis les tout premiers jours où elle avait eu à lui enseigner.

Sous l'œil de Gustave

Il importe ici de dire que ces week-ends revêtaient une importance particulière aux yeux de Stéphane. Son association avec cet organisme, qui s'est donné comme mission de veiller à ce que les enfants des milieux défavorisés bénéficient d'un petit déjeuner nutritif à l'école et aient accès à un environnement et à des projets qui alimentent leur estime de soi, s'est avérée un moment décisif dans sa vie.

Après quelques années à chercher, en multipliant les emplois, la voie et la mission qui étaient les siennes, Stéphane aperçut, sur un des immenses panneaux publicitaires qui longent les voies de circulation, une annonce regroupant quelques visages d'enfants au bas desquels apparaissait le numéro de téléphone de l'organisme maintenant reconnu à l'échelle nationale.

Après avoir établi un premier contact et fait part de son vif désir de s'impliquer dans l'une ou l'autre dimension du monde de l'éducation, Stéphane se vit offrir la possibilité d'accéder au réseau des écoles-clubs de l'organisme, en échange d'une collaboration avec les dirigeants en place, afin de mettre sur pied ce qui allait devenir le programme JeunEstime, un service complémentaire misant sur les fondements de l'estime de soi. Hasard, coïncidence ou synchronicité ? Stéphane, qui venait tout juste de perdre son emploi dans une station de radio montréalaise acculée à la faillite, cherchait justement une façon de mettre au service des jeunes ses talents de communicateur, d'éducateur et d'homme de théâtre.

Une des premières activités d'animation confiée à Stéphane fut de créer et de superviser une formule « camp » devant accueillir des élèves sur une vaste base de plein air de la région de l'Outaouais. L'endroit, que ceux et celles qui l'avaient déjà fréquenté qualifiaient de *Paradis* – non pas en l'honneur de Stéphane, mais en hommage à la beauté des lieux – possédait tout ce qu'il fallait pour créer l'esprit d'entraide et de connaissance de soi recherché : bâtiments en bois rond, immenses dortoirs, salle de séjour avec foyer, des kilomètres carrés d'aires de jeu, d'innombrables sentiers, un magnifique lac, une forêt mystérieuse... La seule perspective de s'y retrouver constituait déjà une fête.

Le *Paradis* venait donc de rencontrer son homonyme !

« Euh... Pardon ! Est-ce que c'est toi le responsable ? » me demanda un des papas en s'avançant vers moi accompagné d'un jeune dont l'allure correspondait en tous points à la fiche d'inscription de Vincent. « Oui, est-ce que je peux vous aider ? » répondis-je, en pensant qu'il s'apprêtait tout simplement à me sensibiliser aux appréhensions de son fils d'avoir à dormir, pour une première fois, loin du foyer familial. Mais il n'en était rien.

« Certainement que tu peux m'aider, répliqua-t-il. Si jamais il te vient à l'idée de le garder avec toi pendant deux ou trois semaines, au lieu des deux, trois jours prévus, ne te gêne pas, ça ferait bien mon affaire », ajouta-t-il en ne se souciant pas le moins du monde du principal intéressé qui se trouvait juste à nos côtés.

J'ai d'abord cru – ou voulu croire ! – qu'il s'agissait d'une blague douteuse lancée à tout hasard pour contrer le malaise qu'il semblait avoir à entrer en relation avec les autres. Mais lorsque je me suis rendu compte que cela n'était pas le cas, je me suis empressé de me retourner vers celui qui semblait se demander s'il n'était pas de trop. « Moi, c'est Stéphane, lui dis-je tout en lui tendant la main, espérant alléger quelque peu la lourdeur qui teintait l'atmosphère. Ton nom, c'est… Vincent ! Heureux de faire ta connaissance, Vincent. Est-ce que c'est toi, par hasard, qui veut devenir mécanicien ? »

Mon initiative me mérita au moins un timide regard de sa part, lui qui ne semblait guère se souvenir d'avoir rempli une fiche descriptive faisant mention du métier qu'il souhaitait éventuellement exercer. « Je suis très heureux que tu sois là, Vincent. Tes sacs sont déjà dans l'autobus ? Prends vite place avec les autres et prépare-toi à passer trois super journées », ajoutai-je, en espérant compenser la froideur avec laquelle son père le salua au moment où on l'invita à monter dans le véhicule. « Merci d'avoir accompagné votre fils, monsieur. J'imagine que l'on peut compter sur votre présence, dimanche, au retour », me permis-je d'ajouter sur un ton tout aussi respectueux qu'intéressé.

Une fois rendu au camp, peu de temps s'en fallut pour que Vincent révèle au grand jour ce que sa timidité dissimulait trop souvent au regard de ceux et celles qui l'entouraient. Bien qu'il ne devint pas le boute-en-train du groupe, il s'est avéré d'une empathie et d'une générosité exceptionnelles à l'égard des animateurs ainsi qu'à l'endroit de tous ceux avec lesquels il faisait équipe. Ce que je n'ai pas manqué de porter à son attention aussitôt qu'une pause me permit de le faire.

C'est alors que je mesurai le peu d'assurance personnelle qui animait cet enfant. À la façon dont il m'a demandé ce qu'il avait fait d'inconvenant lorsque je le priai de m'accorder un moment d'attention, j'ai vite compris que Vincent n'était pas un habitué des compliments. Qu'est-ce que j'ai fait de mal encore ?, voilà ce qui transparaissait dans son regard navré.

« Tu n'as pas remarqué, lui répondis-je, j'ai rarement vu quelqu'un qui est aussi attentif à ses coéquipiers et qui, une fois le repas terminé, s'occupe de tout ramasser afin de laisser derrière lui une table bien propre. Bravo, Vincent, je suis vraiment fier de toi ! » À ces mots, il s'en retourna complètement pantois, se demandant s'il avait rêvé ou si je n'étais pas en train de me payer sa tête. Mais à voir la façon dont il a relevé les yeux et redressé les épaules au cours des heures qu'il nous restait à passer ensemble, il était évident que la remarque avait porté.

L'annonce du retour allait cependant sonner le glas de la belle assurance que Vincent avait commencé à développer. Le dimanche soir venu, le *grand* fut le dernier à monter à bord de l'autobus qui s'apprêtait à nous ramener en ville et à le confronter de nouveau, en ce qui le concerne, à une réalité dont on ignorait à peu près tout. C'est la mort dans l'âme qu'il prit place tout à l'arrière du véhicule. Aussi longtemps que cela lui fut possible, il maintint son regard fixé sur ce lieu qui, pour lui, avait vraiment pris des allures de paradis.

Tout au long de la route, nous eûmes beau chanter, nous rappeler les anecdotes les plus savoureuses du séjour, nous époumoner de toutes les façons possibles, rien ne réussit à sortir Vincent de sa bulle. Il fixait le plancher de l'autobus à la manière de quelqu'un qui voit défiler en boucle des images de désillusion et de déconvenue. Nous avons cessé d'insister pour qu'il prenne part à nos pitreries lorsque nous nous sommes aperçus qu'un filet de larmes coulait le long d'une de ses joues.

À destination, son père, comme prévu, l'attendait. Sans faire montre de quelque émotion particulière, il ramassa les effets de Vincent tout en s'enquérant de façon plutôt vague de ce qui s'était passé. « Votre fils, monsieur, s'est avéré un des meilleurs participants du week-end. Il a donné tout ce qu'il avait d'énergie pour chacune des activités. Vous avez toutes les raisons d'être très fier de lui. C'est un jeune avec des possibilités extraordinaires et qui, de plus, a l'audace d'assumer sa sensibilité. Par ses agissements et son attitude, il a enseigné aux autres ce qu'était la coopération et le respect. Je suis convaincu que tous les participants à ce camp se souviendront longtemps de lui. »

Or, voilà que cette appréciation, somme toute anodine, sembla résonner comme musique aux oreilles de ce père qui, à première vue, semblait plutôt indifférent à ce que vivait celui qu'il s'apprêtait à raccompagner. Même s'il est demeuré avare de mots – et d'expression ! – Gustave et moi avons pu déceler une émotion sincère dans les yeux de cet homme qui, visiblement, n'avait pas saisi l'importance que revêt pour un jeune le fait de se voir confirmé dans ce qu'il est par ceux et celles qui sont chargés de son éducation.

Il ne nous a jamais été donné d'avoir des nouvelles de Vincent par la suite. Est-il devenu le grand mécanicien qu'il rêvait d'être ? A-t-il continué de gagner en estime personnelle et en reconnaissance auprès de son père et, éventuellement, de sa famille tout entière ? A-t-il continué de laisser parler son cœur, lui qui l'avait grand comme le territoire occupé par le *Paradis* qui l'avait tant charmé ? Tout porte à croire que nous ne le saurons jamais.

Ce qui est certain cependant, c'est que Gustave et moi continuons de penser que Vincent, peu importe ce qu'il fait aujourd'hui, a tout ce qu'il faut pour devenir un grand humaniste. Une vocation qui se cache souvent sous des apparences bien trompeuses. N'eût été l'invitation lancée par une de ses enseignantes au moment où il s'apprêtait à naviguer à vue sur les eaux houleuses de l'adolescence, qui sait si Vincent aurait pu un jour passer un week-end au *Paradis* et se faire reconnaître de celui qui lui avait donné la vie ?

On s'étonne trop de ce qu'on voit rarement et pas assez de ce qu'on voit tous les jours.

Félicité de Genlis, femme de lettres française.

ATTITUDES L.E.A.D.E.R.S

Sans qu'il soit toujours possible d'y apporter explication, certains enfants en viennent à développer une image particulièrement négative d'eux-mêmes, ce qui laisse leurs parents passablement inquiets et désemparés. Pour avoir été plus d'une fois confronté à ce genre de situation, voici ce que je propose à ces pères et à ces mères, pourtant animés des plus nobles sentiments à l'endroit de celui ou celle qu'ils voient s'enfoncer un peu plus chaque jour mais qui ne savent souvent plus à qui ou à quoi s'en remettre afin de renverser une tendance qui va directement à l'encontre du fondement de l'estime de soi.

Tout d'abord, prendre note de trois faits, initiatives ou événements tirés du quotidien au cours desquels l'enfant en question s'est distingué ou a pu mettre en valeur l'une ou l'autre des aptitudes ou des qualités qui lui sont propres. Puis, une fois l'heure du coucher arrivée, l'accompagner vers son lit en prenant soin de le border et de lui dire à quel point il est aimé de ceux et celles qui l'entourent, tout en relatant les faits qui auront été répertoriés durant la journée. Et sans plus attendre, quitter la chambre immédiatement.

Même si elle peut paraître bizarre ou discutable, cette procédure a comme but de confronter l'enfant à une image positive de lui-même sans qu'il ait la chance de la remettre en question. En étirant la présence à ses côtés, le jeune risque de chercher à convaincre le parent concerné, tout autant par réflexe que par conviction, de son inaptitude et de son incompétence. « Regarde comme je suis nul, tu vois bien que je ne suis pas aussi bon que tu le dis, pourra-t-il chercher à transmettre par le biais d'un regard ou des quelques mots qu'il réussira à balbutier. Je peux te donner des exemples jusqu'à demain si tu veux ! » Voilà le genre de dialogue de sourds qui risque de s'installer en lieu et place du sommeil. Mais si la possibilité est offerte à l'enfant de fermer les yeux sur une projection plus positive, il y a de bonnes chances, surtout si le processus est répété de façon régulière, que la malencontreuse tendance à la mésestime qu'il est porté à nourrir se voie, lentement mais sûrement, renversée.

Il ne s'agit certes pas d'une recette miracle ou d'une formule qui risque de faire référence dans les facultés et les instituts d'enseignement supérieur. Nous sommes ici dans l'univers de l'expression des sentiments et du renforcement positif. Tout n'est pas blanc et tout n'est pas noir ; et encore moins rose ! Ce qui importe, c'est de demeurer réaliste, la valorisation des compétences ne devant en aucun temps masquer les insuffisances ou les inaptitudes de celui ou celle qui est en cause. Le message qui doit primer, c'est qu'il ne faut pas occulter nos aptitudes et nos compétences au profit de nos carences et de nos déficits. Sinon, c'est la réussite même de notre vie qui risque de s'en voir menacée.

Rappels inspirants

- ✔ À la façon dont il m'a demandé ce qu'il avait fait d'inconvenant lorsque je le priai de m'accorder un moment d'attention, j'ai vite compris que Vincent n'était pas un habitué des compliments et de la gratitude. Qu'est-ce que j'ai fait de mal encore ?, voilà ce qui transparaissait dans son regard navré.
- ✔ Il est de toute première importance pour un jeune de se voir confirmé dans ce qu'il est par ceux et celles qui sont chargés de son éducation.
- ✔ Ce qui prime avant tout, c'est de demeurer réaliste, la valorisation des compétences ne devant en aucun temps masquer les insuffisances ou les inaptitudes de celui ou celle qui est en cause.

Gustave

La complémentarité dynamisante

Tel un bébé transporté dans un panier par une cigogne, je suis arrivé par la poste dans un modeste emballage en provenance de Californie. À ce moment-là, Stéphane n'avait d'yeux que pour celui qui avait fait route avec moi, la populaire et appréciée marionnette-perroquet Bécot*. Caché à travers les feuilles de papier bulle, ce n'est qu'après de longs moments que celui dont j'allais devenir l'alter ego me découvrit enfin. « C'est quoi ça ? s'est-il dit en me voyant, je n'ai jamais commandé un truc pareil. » Pas vraiment prometteur comme premier contact.

Si je m'attendais à créer davantage d'intérêt, c'est que je fais partie d'une prestigieuse lignée de babioles dont les origines remontent à plus de 30 000 ans. Ce n'est en effet pas d'hier que conteurs, amuseurs publics et communicateurs de tout acabit utilisent des gadgets comme moi afin de mieux transmettre leurs idées et d'illustrer leurs propos. Pinocchio, Arlequin et Polichinelle sont de mes ancêtres. De façon plus récente, Monsieur

* Bécot est un oiseau marionnette d'environ 60 centimètres de hauteur utilisé à la façon d'un perroquet afin d'animer ou de distraire des enfants de cinq à six ans.

Tranquille, Kermit la Grenouille, Madame Jigger et Gérard D. Laflaque – l'original, avant qu'il soit cloné en 3D pour la télé – ont perpétué la lignée.

AMITIÉS D'ENFANCE

L'intérêt de Stéphane pour tout ce qui touche les figurines actionnées à la main – fantoches, pantins, guignols, etc. – remonte aux apparitions télé de Nic et Pic et autres personnages imaginaires du même genre. C'était aussi l'époque où la populaire série *Sesame Street* envahissait les écrans télé de la planète. Fan invétéré de l'émission, Stéphane s'était vu offrir une marionnette à l'effigie d'Ernest, fidèle compagnon de Bernie et Big Bird, des personnages phares de la célèbre série.

Il s'en était entiché au point où il la traînait pratiquement partout. C'est ainsi que celle-ci se retrouva un jour allongée aux côtés de Stéphane sur une chaise de dentiste. Constatant l'intérêt, pour ne pas dire la dévotion, que le jeune garçon portait à la réplique d'Ernest, le redouté arracheur de dents profita de l'omniprésence de la marionnette pour mettre son jeune client en confiance. « Que dirais-tu de me présenter ton ami, Stéphane ? » lui dit-il dans le but d'atténuer l'appréhension de celui qui, jusque-là, n'avait connu que les visites douillettes et indolores de la fée des dents.

En décrivant à Ernest les actions qu'il s'apprêtait à poser dans la bouche de son jeune client, faisant ainsi de l'affectionnée marionnette une précieuse complice de son intervention, le dentiste réussit à calmer et à apaiser en moins de deux celui qui allait devenir mon meilleur ami.

L'effet s'opéra comme par magie. Ce qu'Anita Sinclair, une spécialiste de ces personnages de théâtre miniature, avait observé depuis longtemps : « Nous autorisons [les marionnettes] à dire et faire des choses qu'aucun humain ne pourrait se permettre. Nous les laissons nous parler même lorsque nous refusons le dialogue avec les autres. » Voilà qui résume bien l'approche empruntée par le dentiste de Stéphane.

APPRIVOISEMENT MUTUEL

Devenu adulte, Stéphane continua de nourrir un intérêt soutenu – et indéfectible ! – pour les figurines manipulables et les gadgets de ce genre. C'est sûrement ce qui explique sa fébrilité et son enthousiasme au moment d'ouvrir le fameux colis dans lequel je faisais office de cadeau-surprise. Contrairement à ce que mon allure plutôt minimaliste pouvait faire croire, j'étais cependant beaucoup plus qu'un simple « hommage du fabricant ». Même si je n'étais formé que de deux grands yeux, j'étais doté d'un pouvoir de séduction qui ne laissait personne indifférent.

« As-tu vu ça ? » demanda Stéphane à celle qui partageait sa vie à l'époque. « Laisse-moi voir un peu… C'est une bague ? Un pince-nez ? Où l'as-tu trouvé ? » fit-elle d'un air plus ou moins intéressé. « Dans la boîte, avec l'oiseau. Regarde, c'est une espèce de figurine à main », reprit-il en me posant sur son majeur droit tout en remuant ses doigts de façon à créer une première gestuelle. « Ah, toi pis tes *puppets*… »

Qu'à cela ne tienne, Stéphane venait de me donner vie pour la toute première fois de mon existence de jouet de plastique. « Tu t'appelleras Gustave ! » m'annonça-t-il, tout de go, avant même que j'aie eu le temps de me débarrasser des quelques poussières de carton qui s'étaient introduites dans mes yeux en cours de transport. Bien que je n'aie pas posé de question, tout me porte à croire que je fus doté d'un tel prénom en référence à l'ingénieur et industriel français dont le nom a été donné à la célèbre tour située à Paris. Stéphane se préparait justement à s'y rendre en marge d'une brève tournée de spectacles en Europe en compagnie de la marionnette Bécot.

Bien que, cette fois-là, il ne m'ait pas amené avec lui – peut-être considérait-il risqué de voyager avec quelqu'un qu'il ne connaissait pas ? –, c'est tout de même au cours de ce périple qu'il expérimenta ce qu'il appelle lui-même son « point de bascule ». Pendant qu'il s'affairait à remettre en marche la bande sonore utilisée dans le cadre de son mini-spectacle, il s'aperçut que Bécot, qu'il avait temporairement accroché à son bras, interagissait spontanément avec les passants, et ce, indépendamment de sa volonté. Stéphane venait de découvrir qu'en plus de l'autoriser à dire et à faire des choses qu'il ne se serait peut-être pas permis en d'autres temps et en d'autres circonstances, une marionnette pouvait constituer un prolongement de sa personne et de ses propos. Un artifice d'animation dont il n'allait jamais plus se séparer.

En m'attribuant une voix, des émotions et une façon bien à moi de bouger, Stéphane bonifia son attirail d'atouts – déjà nombreux – pour attirer l'attention et soutenir l'intérêt des enfants... et des ex-enfants ! « Tout se situe dans la façon d'insérer les réflexions et les propos de Gustave dans l'interaction que je crée avec ceux que j'ai devant moi », se plaît-il à dire à qui s'interroge sur mon pouvoir d'attraction.

S'il y en a qui pensent encore que je ne suis qu'une vue de l'esprit, sachez que j'ai non seulement donné mon nom à une entreprise désormais reconnue et respectée dans le monde de l'éducation – Gustave & Compagnie –, mais que j'ai aussi ma propre adresse électronique : gustave@gustave.ca. Ainsi, non seulement ai-je été témoin de tous les faits rapportés dans les portraits-témoignages de ce livre, mais je ne compte plus les confidences qui ne cessent de m'être adressées et que, par respect et souci de confidentialité pour les enfants et les jeunes qui s'ouvrent à moi, je me fais un devoir de garder secrètes.

Sous l'oeil de Stéphane

Chaque année, au mois de juin, Gustave & Compagnie organise un événement qui se veut l'apothéose d'un concours ouvert à toutes les classes ayant fait l'objet d'une visite du joyeux tandem que nous sommes au cours des dix mois précédents. Pour se rendre éligibles, les enseignants affectés à ces groupes doivent nous faire parvenir les réactions et commentaires des élèves – et les leurs, évidemment ! – ayant assisté à l'un ou l'autre des ateliers. Une fois le tirage au sort effectué parmi les centaines d'enveloppes reçues, nous retournons tous deux à l'école gagnante, qu'importe l'endroit où elle se trouve, afin de remettre le grand prix, un petit Gustave tout neuf, à chacun des élèves de la classe gagnante, mais également à tous ceux des autres groupes de la même école qui ont été rencontrés en cours d'année.

L'ensemble du processus conduisant à la remise du cadeau souvenir en question, qui se veut une marque d'appréciation et de reconnaissance pour les richesses partagées, est cependant gardé secret jusqu'à l'attribution officielle. De concert avec les enseignants et la direction concernée, nous nous présentons devant les élèves réunis dans un même lieu en prétextant quelque inquiétude quant au sort qui pourrait être réservé à Gustave s'il se retrouvait en leur compagnie pendant les vacances. « Pour moi, Gustave, c'est un véritable ami ; il dort même sur ma table de chevet, que je commence par leur dire, sur le ton de la confidence. Et je continue en leur demandant : et si c'était à vous personnellement qu'il était confié, à quelles attentions aurait-il droit de votre part ? »

Une fois leurs premières réactions recueillies, je poursuis en leur livrant quelques petits trucs sur les façons de donner vie à une figurine du genre et de s'en faire une alliée indéfectible : le nom à lui donner, la voix et les émotions à lui prêter, les façons de la faire bouger, etc. Puis une fois que j'ai porté à son comble leur désir d'en adopter un, je leur fais connaître la véritable raison de ma visite parmi eux : « Vous n'aurez pas à demander à papa ou maman de vous en procurer un, parce que… vous êtes les gagnants du grand concours et votre Gustave vous attend toutes et tous dans votre classe. »

La réaction est chaque fois la même : les réflexes de surprise se mêlent aux cris de joie pour créer un joyeux tintamarre. « On prend le premier qui nous tombe sous la main, sans égard à la couleur, que je prends tout de même la peine de leur dire au moment où ils se précipitent sur les boîtes contenant les précieuses répliques. Il en va des Gustave comme de vos amis, on ne les choisit pas en fonction de la couleur de leur peau. » Il importe aussi de mentionner que les attentes créées par le concours ne se limitent pas aux enfants. Tout aussi désireux que les plus jeunes de posséder le leur, je me dois également d'en remettre un à chacun des enseignants, des membres de la direction et des professionnels affectés à ces groupes. En cours d'année, ils ont, eux aussi, été à ce point charmés par Gustave qu'il serait impardonnable de ne pas leur en offrir un.

De plus, comme il nous arrive fréquemment de revenir à ces écoles gagnantes, il n'est pas rare que soient portées à notre attention certaines des utilisations qui sont faites de l'effigie de mon fidèle compagnon de route. Nous apprenons ainsi que d'aucuns lui concoctent une habitation avec de la ouate, que d'autres mettent en ligne des animations dans lesquelles on les voit interagir avec leur nouvel ami, tandis que certains s'en servent pour inventer des jeux en compagnie d'autres gagnants. En occupant ainsi une place dans l'univers imaginaire des jeunes, la mission de Gustave se voit étendue et perpétuée dans le temps.

Tout Gustave que je suis, j'éprouve une grande fierté à compter nombre d'adultes parmi mes fans. Ceux qui assument candidement leur côté ex-enfant sont mes plus fidèles. Mais ils sont loin d'être les seuls. Il ne se passe en effet guère plus d'une journée sans que j'arrive à convertir quelques nouveaux grands. Comme ces deux adeptes de la moto, rencontrés un jour à l'intersection de la rue Papineau et du boulevard René-Lévesque, en plein centre-ville de Montréal, en attendant que le feu de circulation passe au vert. Des hommes à la carrure de footballeurs, parés de tatouages à donner froid dans le dos, coiffés de ce type de casque auquel il ne semble manquer que les cornes, et prenant visiblement plaisir à faire rugir l'imposant moteur de leur engin. Pour un plaisantin comme moi, le moment semblait on ne peut mieux choisi pour tester ma capacité à provoquer des réactions. « Psitt ! Stéphane, essaie donc pour voir ! » ai-je dit à mon ami, après qu'un de ces anges de la moto se soit retourné dans notre direction en nous lançant un regard suspicieux. Il n'en fallait pas plus pour le convaincre.

Après avoir baissé la glace, Stéphane salua les deux individus de la main gauche et me présenta à eux de son autre main. Jusque-là impassibles, les deux hommes levèrent leurs verres fumés, l'air de se demander à quelle sorte d'hurluberlus ils avaient affaire. Allaient-ils se moquer de nous ? Nous lancer des injures ? Ou pire, descendre de leurs motos pour régler ça « entre hommes » ? Non seulement n'en fut-il rien, mais ils se mirent à sourire de toutes leurs dents en levant chacun leur pouce bien haut en guise d'approbation et d'assentiment. En moins de temps qu'il n'en fallut pour esquisser quelques grimaces, je venais de me faire deux nouveaux amis.

Cette petite anecdote m'a rappelé la réflexion qu'avait eue un jour l'acteur américain Robin Williams : « On ne se voit attribuer qu'une petite étincelle de folie, disait-il. Il ne faut surtout pas la perdre. » C'est cette petite flamme que j'ai eu l'impression d'aviver, l'espace d'un instant, dans le cœur de ces deux colosses de la moto. Qui sait, si au cours des semaines et des mois qui ont suivi, il ne leur est pas resté dans le cœur une parcelle de la folie que nous avons eu le plaisir de partager à cette occasion.

C'est cette empreinte de gaieté et de légèreté que je souhaite laisser dans le cœur des enfants et des jeunes que Stéphane et moi rencontrons par le biais de nos animations et de nos conférences. Afin de produire l'effet recherché, je n'hésite pas à tout faire : parler, gesticuler, rire et danser. Il m'arrive même de verser quelques larmes lorsqu'un enfant me fait part de sa tristesse ou de son chagrin. « Il a l'air vrai ! » fait-on souvent la remarque à Stéphane, ignorant que j'entends et comprends tout ce qui se dit autour de moi.

Vous avez donc avantage à vous montrer vigilants. Comme Stéphane ne sort désormais plus sans moi, il y a de bonnes chances que je croise un jour votre route et que je fasse en sorte d'aviver votre petite flamme de manière à ce qu'elle se transforme, au contact des autres, en grand feu.

N'est-ce pas là ce dont enfants et ex-enfants ont le plus besoin ?

Les grandes personnes ne sont que des enfants déguisés.

Pierre Daninos, écrivain et humoriste français.

ATTITUDES L.E.A.D.E.R.S

Selon les auteurs Antoine Terrioux et Frédéric Renault, l'attention est la disposition ou l'état d'esprit nécessaire pour apprendre et progresser. Mais comment ***L***es ***E***x-enfants qui ***A***ident ***D***es ***E***nfants à ***R***éaliser qu'ils sont ***S***péciaux peuvent-ils transmettre des connaissances et des valeurs à un jeune lorsque celui-ci se place, volontairement ou pas, en retrait du discours ambiant, se laisse aller à la rêverie ou distraire par de quelconques stimuli extérieurs ?

L'expérience cumulée au cours de toutes ces années d'animation dans les écoles m'a appris que l'attention d'un enfant est souvent redevable, d'une part, à tout ce qui est en mesure d'occuper ses pensées et de susciter en lui des émotions – contrariétés, soucis, inquiétudes, etc.– et, d'autre part, à la qualité de la relation qu'un parent, un enseignant ou un éducateur peut établir avec lui. Il y a certes ceux et celles qui peinent à se concentrer parce qu'ils souffrent du trouble de déficit de l'attention, avec ou sans hyperactivité, mais comme il s'agit d'un problème dont l'approche et relève de spécialistes, je leur laisserai le soin d'en traiter.

Ainsi, qui veut attirer l'attention de jeunes aura avantage à faire usage de « surprises » et à ne pas hésiter à recourir à des « nouveautés ». Quoi de mieux que de susciter l'étonnement pour interpeller leurs sens : de nouveaux aliments aux menus quotidiens, des approches *à l'ancienne* reprises *à la moderne*, la découverte de nouveaux styles musicaux, d'artistes émergents... À quiconque veut faire montre d'originalité pour joindre le plaisir à l'acte d'enseigner et de transmettre des valeurs, les possibilités ne manquent pas.

Mais encore faut-il s'intéresser de près à leur univers. Que lisent-ils ? Quelle musique écoutent-ils ? Quelles émissions regardent-ils ? Sur quels sites ou quelles plateformes jettent-ils leur dévolu ? Comment se nomment leurs idoles et leurs héros ? En connaissons-nous assez sur nos enfants ? Apprendre à identifier leur univers peut grandement contribuer à créer les ouvertures souhaitées à l'établissement du précieux lien qui facilitera la transmission des messages que nous leur destinons.

Afin de les rendre et de les maintenir présents à ce que nous avons à leur dire, suscitons une discussion autour d'un sujet d'actualité, instaurons la citation du jour, déstabilisons-les avec quelques tours de magie. N'ayons pas peur de briser la routine et de recourir à la variété. Arborons des pièces de vêtement disparates, entraînons-les dans un jeu d'observation en disposant de façon différente quelques objets dans les endroits qu'ils fréquentent le plus souvent. Surprenons-les : « Qu'est-ce qui a été changé – dans la classe, dans la salle à manger – depuis ce matin ? »

Et pour que l'approche retenue ne ressemble en rien à une méthode d'enseignement ou à un procédé d'apprentissage, n'hésitons pas à recourir à l'humour et à l'autodérision, facilitateurs de liens par excellence. Car pour attirer l'attention – et, surtout, pour la retenir –, rien de mieux qu'un parent ou un éducateur enthousiaste et enthousiasmant, sachant recourir à tout ce qu'il est et tout ce qu'il vit pour indiquer la voie à suivre !

Rappels inspirants

- ✔ En plus d'autoriser celui ou celle qui les manipule à dire et à faire des choses qu'il ne se serait peut-être pas permis en d'autres temps et en d'autres circonstances, une marionnette peut constituer un prolongement de l'enfant et de ses propos.
- ✔ En connaissons-nous assez sur nos enfants ? Que lisent-ils ? Quelle musique écoutent-ils ? Quelles émissions regardent-ils ? Sur quels sites ou quelles plateformes jettent-ils leur dévolu ? Comment se nomment leurs idoles et leurs héros ?
- ✔ « On ne se voit attribuer qu'une petite étincelle de folie. Il ne faut surtout pas la perdre. » Robin Williams.

Pierre-Luc

La capacité de se ressaisir

Pierre-Luc est l'aîné de sa famille. Celui dont le rang devait faire de lui le pionnier, l'éclaireur et la figure de proue de ses frangins n'a finalement démontré qu'une timidité accablante et neutralisante. Discret et réservé, il a par contre excellé dans l'art de créer des liens manifestes et obligeants avec les gens qui l'entouraient. Ses camarades de sixième année avaient beau considérer que la valeur d'un individu est directement proportionnelle à son degré de popularité, Pierre-Luc n'en pensait pas moins qu'en termes de relations interpersonnelles, la qualité doit toujours primer sur la quantité. Une conviction qui, à défaut de faire l'unanimité, desservait admirablement bien sa gêne et sa retenue.

Issu de la génération ayant connu l'avènement du rock chrétien et des messes à gogo, Pierre-Luc espérait de la religion qu'il pratiquait le salut attendu. Non pas celui de son âme mais celui qui allait l'aider à vaincre cette foutue incapacité à s'affirmer. Doté d'un talent inné pour les arts, le jeune garçon profita de l'assiduité avec laquelle sa famille se rendait à l'église le dimanche pour offrir sa participation aux préparatifs des célébrations hebdomadaires. C'est ainsi que pendant quelque deux ans, il se plut à fabriquer des décors et à joindre sa voix à la chorale de la paroisse. Jusqu'à ce que le directeur de chœur annonce à l'ensemble des choristes qu'ils allaient monter une comédie musicale.

APPEL AU DÉPASSEMENT

« Une enseignante de l'école secondaire m'a demandé si la chorale ne serait pas en mesure de participer à une pièce de théâtre lors des événements de fin d'année, le printemps prochain, leur annonça-t-il, sans plus d'avertissement, à la suite d'une de leur pratique hebdomadaire. Connaissant votre intérêt pour le chant, je lui ai répondu que nous serions sûrement intéressés, mais à condition qu'un rôle, même tout petit, soit dévolu à chacun. »

La nouvelle eut l'effet d'un véritable coup de massue pour celui que la seule évocation du mot « scène » mettait dans tous ses états. Constatant avec quel bonheur et quel enthousiasme la nouvelle était accueillie par ses collègues, il pensa même à prendre congé de la chorale. Mais comme il n'était pas du genre à lâcher au moment où les choses commençaient à prendre des tangentes qui n'étaient pas les siennes, il réussit à se résigner à l'idée de participer, en se promettant cependant de tout faire pour hériter du rôle le plus effacé possible. Un souhait qui se réalisa finalement de lui-même.

« Pierre-Luc, que dirais-tu de tenir le rôle de balayeur de rue ? » lui demanda une dame, qui en plus d'être la prof de théâtre de l'école secondaire, faisait partie des trois personnes qui avaient entendu les choristes – un à un, en audition – afin de répartir les rôles selon les talents et la personnalité de chacun. Balayeur de rue, se dit Pierre-Luc, voilà qui a toutes les chances de passer inaperçu, d'autant plus que la didascalie* précise bien que le rôle ne nécessite qu'un passage furtif sur scène, qu'il n'implique qu'un seul autre personnage et qu'il se limite à cinq petites répliques.

Chacun des participants agissant avec diligence et application, les répétitions allèrent bon train, au point où l'échéancier préparatoire s'en trouva respecté en tous points. L'économie de mots du personnage qu'il incarnait lui laissant passablement de temps libre, Pierre-Luc en profita pour s'impliquer dans l'élaboration du décor de même que dans la création de l'imposante murale qui tenait lieu de fond de scène. C'est là qu'il prit toute la mesure du défi qui l'attendait au moment où les trois coups se feraient entendre : la salle dans laquelle la troupe et la chorale allaient se produire contenait plus de quatre cents places assises, de quoi lui faire perdre tous ses moyens.

On eut beau tenter de le rassurer, lui dire que le trac est un élément essentiel à toute bonne préparation, cela n'empêcha pas l'apprenti comédien de voir venir le soir de la représentation avec appréhension et frayeur. Cinq petites lignes de texte entremêlées d'un air interprété par ses amis choristes, en principe, il n'y avait pas de

* Une didascalie, dans le texte d'une pièce de théâtre, est une note rédigée par le dramaturge fournissant aux éventuels interprètes des indications concernant l'action prévalant, le style de jeu recherché, de même que des précisions relatives à la mise en scène, à l'humeur des personnages, au comportement que l'auteur souhaite leur voir adopter, etc.

quoi fouetter un chat ! essayait-il de se convaincre. Mais pour Pierre-Luc, il s'agissait d'un défi qui équivalait à une véritable montagne à gravir.

TOURNURE INATTENDUE

À moins de cinq minutes de son entrée en scène, la panique et le doute prirent toute la place dans le cœur de Pierre-Luc : et si ma mémoire me faisait défaut ? Si le trac me nouait la gorge au point d'être incapable d'émettre un seul son ? Et si je m'évanouissais en scène avant d'avoir terminé ? Chacun des questionnements qui se bousculaient dans sa tête fit grimper son rythme cardiaque d'une bonne douzaine de pulsations par minute. Jusqu'à ce que l'inexorable appel se fasse entendre : « Vas-y, c'est à toi ! » qu'on lui chuchota à l'oreille pour lui indiquer que c'était à son tour de donner la réplique.

Même s'il se sentait comme un parachutiste à qui l'on venait de donner une poussée pour qu'il se lance dans le vide, Pierre-Luc amorça sa prestation avec l'assurance d'un jeune premier. Jusqu'à ce que la catastrophe advienne : un paralysant trou de mémoire dépouilla de tous ses moyens son ami et partenaire de jeu. Comble de malheur, le souffleur, cette personne affectée à combler les défaillances des acteurs en leur chuchotant les mots qui leur échappent momentanément, était dissimulé côté cour alors que les protagonistes du moment se trouvaient côté jardin !

C'est alors que les choses prirent une tournure pour le moins étonnante… et rassurante. Plutôt que de céder au désarroi et à la panique, Pierre-Luc prit les choses en main en improvisant quelques plaisanteries, le temps que son vis-à-vis retrouve les mots qu'il cherchait. Non seulement le déroulement put-il se poursuivre normalement, mais la prof de théâtre s'empressa même, une fois la représentation terminée, de féliciter Pierre-Luc pour son habile récupération qui, finalement, était passée pratiquement inaperçue aux yeux des spectateurs présents. « Ce que tu as fait là est admirable, lui dit-elle. Tu as su attraper la balle au bond et sauver la situation. Bravo ! »

Les compliments et les félicitations que Pierre-Luc continua de recevoir de la part de ses compagnons d'aventure au cours des jours qui suivirent eurent comme effet de renforcer sa confiance et son estime personnelle. À constater avec quelle aisance il avait réussi à improviser aussi naturellement, à permettre à son partenaire de jeu de se ressaisir et à dérider une salle qui n'y avait vu que du feu, le jeune homme timide et effacé se sentit envahi d'une bouffée de confiance comme jamais auparavant.

INTERVENTION IMPORTUNE

Les semaines passèrent jusqu'à ce que Pierre-Luc croise un homme d'âge mûr qu'il connaissait bien et qui avait assisté à la représentation. Les propos qu'il lui tint eurent l'effet de poser une véritable chape de plomb sur ce qui s'était avéré un exercice improvisé de confiance en soi. « C'était plutôt bien ce que tu as fait l'autre soir, qu'il lui dit, mais tu as improvisé, n'est-ce pas ? Tu as essayé d'être drôle… Mais permets-moi de te dire que ce n'est vraiment pas ta force. Drôle, tu ne l'as non seulement pas été, mais j'ai bien peur que tu ne le sois jamais… »

Des mots coups de poing, qui à partir de ce moment se mirent à résonner comme en écho dans la tête de celui qui, pour la première fois de sa vie, avait réussi à vaincre sa timidité : drôle, tu ne l'as pas été ; drôle tu ne le seras jamais, jamais…

Sous l'oeil de Gustave

Par le biais des conférences aux parents que nous animons dans les écoles, Stéphane essaie, entre autres choses, de restituer un peu de ce dont il a bénéficié par le passé, à travers sa famille, ses amis de même que les gens qui l'ont façonné. Il prend souvent la peine de mentionner que la vie est un cycle et qu'elle nous appelle à redonner ce que nous avons reçu. Ce que certains participants ne manquent d'ailleurs pas de corroborer à plus d'une occasion.

Comme cette fois où un papa présent dans la salle se permit d'apporter ce commentaire : « Comme on ne m'a pas offert et transmis beaucoup lorsque j'étais jeune, confia-t-il des sanglots dans la voix, il m'est particulièrement difficile de redonner ce que j'ai reçu de ceux et celles qui avaient tâche de m'éduquer. Mais plutôt que de m'attarder à faire le procès de mes parents et de mes éducateurs, j'essaie de mettre ça de côté et de donner le meilleur de moi-même à mes enfants. »

L'intervention de cet homme, dont la voix grave et la carrure d'athlète ne laissaient aucunement deviner une telle sensibilité, eut comme effet de plonger en elles-mêmes chacune des personnes présentes dans la salle ce soir-là. Après l'avoir remercié de sa sincérité et de sa transparence, Stéphane le félicita d'avoir eu l'audace et le courage de briser le cycle du *je ne peux donner plus que ce que j'ai reçu* et de s'être déplacé avec sa conjointe.

Une fois la conférence terminée, quelle ne fut pas la surprise de mon ami de voir cet homme, l'œil toujours humide, s'avancer vers lui, lui serrer la main et lui confier que la femme qui se trouvait à ses côtés n'était pas sa conjointe, mais son ex-épouse. « Nous arrivons plutôt bien à mettre nos différends de côté lorsque vient le temps de nous impliquer auprès de nos enfants, de dire celui qui avait compris que les gestes parlent toujours plus fort que les mots. Nous considérons qu'il s'agit là du plus beau cadeau à leur offrir ! »

De quoi donner raison au philosophe Ralph Waldo Emerson qui affirmait : « Tes actes parlent si fort que je n'entends pas ce que tu dis. »

POTENTIEL CONFIRMÉ

Devenu animateur de vie spirituelle et d'engagement communautaire, Pierre-Luc partage aujourd'hui ses talents et ses ressources à travers diverses écoles de son quartier. Contrairement à ce qu'aurait pu laisser présager la portée des mots coups de poing dont il a été l'objet, il ne cesse de gagner en confiance et en estime de lui-même un peu plus chaque jour. Parce qu'il a croisé sur son chemin davantage de gens qui ont confirmé ses talents et ses possibilités plutôt que de l'enfermer dans ses limites et ses carences, il réussit, malgré une fragilité qui demeurera toujours présente, à se faire confiance. Ce qui ne manque pas d'être reconnu par ceux et celles à qui il s'adresse.

Ainsi, lorsque Pierre-Luc demande aux jeunes de lui faire part de leurs réactions et commentaires sur les animations auxquelles ils viennent d'assister, les réponses contredisent radicalement la critique acerbe et destructrice entendue trente ans auparavant. Certains font allusion au message véhiculé, d'autres aux exemples rapportés et d'autres encore à l'émotion ressentie. Mais invariablement, il y en a toujours au moins un pour lui dire : « Tu étais drôle… »

Trois petits mots… Des mots coups de main qui secrètent à chaque fois chez l'ancien servant de messe une large dose de ce qu'il est convenu d'appeler l'hormone du bonheur. Des mots pied de nez qui, dégagés de tout esprit de représailles ou de vengeance, se veulent un véritable défi lancé à la vie !

La vie d'un enfant, c'est comme un bout de papier sur lequel chaque passant laisse sa marque.

Proverbe chinois.

ATTITUDES L.E.A.D.E.R.S

« Lorsque votre ado prend possession de la pièce qui deviendra sa chambre à coucher, n'est-il pas plus avantageux de le laisser l'aménager à son goût et à son image ? Si ce sont les cadres, les affiches et les décorations de son choix qui se retrouvent accrochés aux murs, ne sera-t-il pas plus facile, par la suite, de le responsabiliser quant à l'entretien que vous l'inviterez à en faire ? » Voilà le genre de questions que j'aime bien lancer lorsque je suis invité à donner une conférence à des parents d'adolescents.

Il en va de même pour ce qui est du sentiment d'appartenance que les ados sont en mesure de développer par rapport à l'institution d'enseignement qu'ils fréquentent. Les recherches et les observations de tous genres le démontrent. Un enfant ou un jeune qui prend part activement à la vie de son école se trouvera invariablement plus motivé et plus enclin à persévérer.

Si l'on prend en compte les cours, les activités parascolaires de même que les pauses qui en ponctuent l'enchaînement, les jeunes passent en moyenne une trentaine d'heures par semaine à l'école. Considérant la somme de temps que leur présence requiert, il importe par conséquent que filles et garçons perçoivent l'endroit comme un lieu privilégié où ils pourront donner leur pleine mesure et faire valoir leurs différents talents. Afin d'en aider certains, plus hésitants, à mieux l'apprivoiser, et d'en encourager d'autres, plus enthousiastes, à maintenir leur motivation, quantité d'initiatives et de ressources sont mises à la disposition de parents, d'enseignants et d'éducateurs désireux de pleinement remplir leur rôle d'***A***dultes ***S***ignifiants.

Parmi ceux-ci, on compte les départements informatiques qui proposent des activités récréatives aux initiés comme aux débutants ; les centres sportifs qui sont toujours à la recherche de nouveaux participants ; les services d'animation pastorale qui offrent de belles opportunités de bénévolat ou d'engagement social et communautaire ; les groupes d'entraide au sein desquels, à la suite d'une formation appropriée, des étudiants sont appelés à porter secours à des jeunes de leur milieu se retrouvant en difficulté ; et, enfin, les lieux d'expression artistique et de diffusion culturelle : radio communautaire, spectacle de fin d'année, activités de lecture et de recherche en bibliothèque, etc.

Il s'avère particulièrement avisé d'intéresser les jeunes aux différents aspects de la vie de leur école. En plus de constituer un excellent complément à leurs loisirs, l'implication, aussi modeste soit-elle, à l'une ou l'autre des activités offertes, permet aux parents de prendre la mesure des états d'âme de leurs jeunes au regard de l'importance qu'ils prêtent à ce qui leur est offert en termes d'apprentissage et de formation. Plus au fait de ce qu'ils vivent au moment où ils rentrent à la maison en fin de journée, ***L***es ***E***x-enfants qui ***A***ident ***D***es ***E***nfants à ***R***éaliser qu'ils sont ***S***péciaux seront ainsi mieux outillés pour les soutenir et les accompagner dans leur cheminement personnel et leurs visées professionnelles.

« Ça s'est bien passé à l'école, aujourd'hui, mon grand ? » Même si la réponse de Philippe, mon jeune frère, se résumait souvent à un « ouais… » plutôt évasif, ma mère avait l'art de reprendre subtilement, et différemment, la question jusqu'à ce qu'elle ait pris le pouls des sentiments et des émotions de celui dont le rituel de retour à la maison consistait à faire valser son sac d'école dans un des coins de la salle à manger. Du haut de son mètre quatre-vingt-dix, je ne saurais dire si les interrogations de Marthe l'ont amené aujourd'hui à se faire un peu plus volubile sur ce qu'il vit dans son univers professionnel. Mais je suis par contre convaincu qu'au moment où il fréquentait l'école du quartier, Philippe n'est jamais allé au lit habité d'inquiétudes ou de contrariétés qui auraient pu troubler son sommeil. Discrètement, mais non moins efficacement, Marthe y avait vu !

Rappels inspirants

- ✔ La vie est un cycle et elle nous appelle sans cesse à redonner ce que nous avons reçu.
- ✔ À constater avec quelle aisance il avait réussi à improviser aussi naturellement, à permettre à son partenaire de jeu de se ressaisir et à dérider une salle qui n'y a vu que du feu, le jeune homme timide et effacé se sentit envahi d'une bouffée de confiance comme jamais auparavant.
- ✔ Parce qu'il a croisé sur son chemin davantage de gens qui l'ont confirmé dans ses talents et ses possibilités plutôt que de l'enfermer dans ses limites et ses carences, il réussit, malgré une fragilité qui demeurera toujours présente, à se faire confiance.

Robert

Le manœuvre enseignant

Ce matin-là, Gustave avait toutes les peines du monde à se contenir. Voilà plus de deux mois qu'il attendait ce jour béni : le retour en classe. Surtout que la rentrée que nous nous apprêtions à vivre avait quelque chose de bien particulier ; nous allions reprendre le collier en même temps que tout le personnel enseignant d'une petite école que nous connaissions bien pour y avoir animé des ateliers à plus d'une reprise.

Il s'agissait d'une de ces journées dites « de retrouvailles » au cours desquelles certains établissements en profitent pour inviter des intervenants externes afin d'insuffler un petit surplus d'élan à cette opération de mise en marche. En cette magnifique journée d'août qui donnait à penser que l'été semblait vouloir s'installer à demeure, Gustave et moi avions été invités à témoigner de notre passion pour tout ce qui touche la formation intégrale des 5-13 ans. Emballés à l'idée de pouvoir partager ce moment privilégié avec ces professionnels de l'éducation, nous étions excités comme deux enfants qui retrouvent leur vélo au premier soleil du printemps.

« Qui d'entre vous fait partie du personnel enseignant ? » leur lançai-je, d'entrée de jeu, afin de les déstabiliser et de m'assurer l'attention recherchée. Silence et interrogation. Mon entrée en matière les laissa tout aussi perplexes qu'étonnés. « Non, mais quel énergumène, les entendis-je penser, en voilà un qui s'est sûrement trompé d'adresse. » Après avoir répété la question et insisté pour qu'on me réponde, quelques mains se levèrent. Restait à savoir si ceux et celles qui acceptaient de se compromettre étaient plus enclins à dissiper le malaise qui s'était installé qu'à entrer dans le jeu que je leur proposais…

Il en demeura cependant un qui, affalé sur sa chaise, semblait se demander s'il n'aurait pas mieux fait d'aller voir ailleurs s'il y était. « Je suis concierge » qu'il me répondit lorsque je lui demandai pourquoi il paraissait si peu concerné par la question que j'avais posée. « Tiens donc ! fis-je, sans lui laisser le temps d'en dire plus. Concierge ; vous faites donc partie du personnel enseignant ! » Affirmation qui le laissa aussi interloqué que s'il venait d'apprendre que ses balais et ses moppes se trémoussaient sur des airs de rap une fois qu'il avait le dos tourné.

Robert, qu'il s'appelait. « Bob », comme plusieurs de ses amis et de ses proches devaient l'appeler lorsqu'ils avaient un service à lui demander ou qu'ils réclamaient sa présence pour faire lever le party. Le genre de Robert que tout le monde souhaite avoir dans son entourage immédiat. Mi-cinquantaine, le crâne passablement dégarni, un tour de taille trahissant quelques excès de table, les yeux rieurs et le sourire continuellement accroché au visage, Robert avait toutes les allures de ceux qui ont compris que ce n'est pas en *se cassant le bicycle* pour demain qu'aujourd'hui sera meilleur.

Intimidé par la somme de pédagogues de tout acabit qui l'entouraient, Robert avait le sentiment de passablement détonner dans le décor. Pourtant... S'il en était un qui offrait un service indispensable et de première nécessité aux jeunes qui fréquentaient cette école, c'était bien lui. Arrivé sur les lieux avant tout le monde chaque matin, c'est lui qui déverrouillait les portes, allumait les lumières et s'assurait de la bonne marche de tout ce qui était d'utilisation courante. Puis, en toute fin de journée, il était de nouveau là pour vider les poubelles, laver les planchers, récurer les toilettes, fermer les fenêtres et enclencher le système d'alarme.

Plus que toutes ces tâches qu'il assumait avec diligence et savoir-faire, Robert était d'abord et avant tout apprécié pour sa bonhomie et son affabilité. À travers le ton de sa voix et la transparence de son regard, on saisissait rapidement que chacun des jeunes qu'il côtoyait, sans égard à leur âge ou à leur statut, avait de l'importance à ses yeux. Sa seule présence suffisait à rassurer tout le monde et à insuffler un minimum de cohérence à ce milieu de vie où les choses ont l'habitude de bouger rapidement.

« Vous voyez, Robert, à quel point vous enseignez, vous aussi, poursuivais-je, en m'assurant que le message porte à l'ensemble des participants. En demeurant tout simplement celui que vous êtes, vous constituez non seulement une valeur ajoutée à ce qui s'enseigne ici, mais vous complétez la formation – personnelle et sociale – des enfants qui vont et viennent chaque jour. Votre attitude, votre façon d'être présent tout en demeurant discret, enseignent tout autant que n'importe quelle approche pédagogique par compétence ou par projet. Donc, la prochaine fois que quelqu'un vous demandera si vous faites partie du "personnel enseignant", j'espère que vous répondrez "oui" avec fierté. »

Sous l'oeil de Gustave

Interpellé par l'expérience vécue avec Robert, Stéphane n'hésita pas à s'en servir, quelques semaines plus tard, à la même école, dans le cadre de ses animations en salle de classe.

« Aujourd'hui, groupe, je veux vous parler de quelqu'un que tout le monde connaît, mais dont on oublie trop souvent la présence. Il s'agit de Robert. Robert, le concierge. Oui, oui, le monsieur que l'on croise, matin et soir, et qui ne manque jamais de nous servir un de ces bonjours qui nous donne l'impression d'être quelqu'un d'important. Vous voyez de qui je veux parler. C'est souvent lui, d'ailleurs, qui est le premier à m'accueillir lorsque je viens vous rencontrer.

« Y a-t-il quelqu'un qui a déjà pensé le remercier pour l'important travail qu'il accomplit ? Si une école comme la vôtre est propre et fonctionnelle, qu'il fait bon y vivre et circuler, c'est parce que des gens comme lui travaillent dans l'ombre. N'est-ce pas qu'il serait temps que nous en prenions conscience ? »

D'abord surpris par les questionnements de Stéphane, les frimousses qu'il avait devant lui ne tardèrent pas à convenir que l'homme dont il était question occupait une place dans leur vie beaucoup plus importante qu'ils ne l'auraient cru.

« Oui, oui, fit l'un d'eux, Robert, c'est lui qui m'a montré à nouer la boucle de mes espadrilles. 'Attend-moé, ti-gars, tu vas tomber si je ne suis pas là' qu'il m'a dit en fredonnant un air que je ne connaissais pas. Je l'ai trouvé tellement drôle... »

« C'est grâce à lui si j'ai retrouvé la mitaine que je pensais avoir perdue, reprit aussitôt une autre. Heureusement, parce que ma mère n'était vraiment pas contente ; elle venait tout juste de me les acheter. Si je n'avais pas eu Robert, je crois que j'aurais passé l'hiver avec mes vieilles mitaines trouées... »

« Robert, ajouta un troisième, c'est lui qui a dit à mon père comment s'y prendre pour réparer la clôture qui était brisée à l'arrière de la maison. Connaissant les talents plutôt limités de papa comme bricoleur, je suis convaincu qu'il lui a évité bien des coups sur les doigts. »

Le hasard faisant parfois – et même souvent – bien les choses, Stéphane vit passer l'homme dont il était question dans le corridor alors même que tout un chacun y allait de sa petite anecdote à son propos. Après l'avoir convié à venir nous rejoindre, il me demanda d'inviter les élèves à manifester leur reconnaissance à l'endroit de celui dont on venait de vanter les mérites. « Une bonne main d'applaudissement pour Robert, leur dis-je. Pardon... pour monsieur Robert ! »

Tout aussi étonné qu'ému – il n'avait jamais été l'objet d'une telle gratitude –, notre héros du jour remercia, les larmes aux yeux, ceux et celles qui portaient soudain sur lui un regard admiratif. Puis il s'en retourna lentement à ses occupations, conforté et plus que jamais rassuré sur l'importance du rôle, effacé, mais non moins essentiel, qu'il avait à jouer dans l'école où il s'affairait.

La spécialisation des emplois, propre à notre société industrielle axée sur la production effrénée de biens et de services, nous fait souvent oublier que nous sommes plus que ce que nous faisons. Que notre éventail de possibilités dépasse largement la description des tâches qui nous sont assignées. La femme d'affaires Danièle Henkel, qui s'est fait connaître grâce à sa participation remarquée à la populaire émission *Dans l'œil du dragon*, a compris l'importance de reconnaître l'apport élargi de chacun de ses employés. Lors d'une conférence qu'elle prononçait récemment, elle disait s'être personnellement assurée que la mention « Directeur des premières impressions » soit inscrite sur la carte de visite d'Antoine, le réceptionniste de l'entreprise qu'elle dirige !

L'essentiel, en matière d'éducation, ne se mesure pas toujours à la valeur et aux mérites des méthodes utilisées, mais plutôt à la conviction que nourrissent les intervenants en leur capacité de faire – et d'être – une différence dans la vie de ceux et celles qui leur sont confiés. C'est pourquoi il importe que chaque personne en lien avec nos adultes en devenir – parents, éducateurs, professionnels de l'aide, employés de bureau, brigadiers, brigadières, concierges, chauffeurs d'autobus, etc. – prenne conscience de l'immense pouvoir d'influence qu'elle est en mesure d'exercer. Au point de se sentir directement interpellée par une question aussi simple, mais aussi lourde de conséquences, que : « Qui d'entre vous fait partie du personnel enseignant ? »

Vous pouvez facilement voir la vraie nature de quelqu'un par la façon avec laquelle il traite les gens qui ne peuvent rien lui rapporter.

Malcolm Forbes, président-directeur général du magazine *Forbes*.

ATTITUDES L.E.A.D.E.R.S

Si, en tant qu'***E***x-enfants qui ***A***ident ***D***es ***E***nfants à ***R***éaliser qu'ils sont ***S***péciaux, nous considérons important de reconnaître l'apport de chaque personne – professionnels, techniciens, bénévoles et employés de soutien – œuvrant dans une école, encore faut-il que nos bottines suivent nos babines. Le quotidien nous offre une multitude d'occasions pour ce faire ; à nous de les saisir lorsqu'elles se présentent.

Grâce à son affabilité et à sa prévenance, le brigadier du quartier a l'art de faire pouffer de rire les enfants qu'il accompagne ? Baissons la vitre de la voiture et lançons-lui un « Bonne journée et merci pour votre travail ! » L'effet risque d'être déterminant. Sylvie, une habituée de longue date de cette fonction, me racontait à quel point de tout petits gestes du genre donnaient sens à ce qu'elle fait. « Hier justement, Clovis, celui qui porte toujours une casquette trop grande pour lui, m'a remerciée de lui avoir souri même si j'ai dû l'arrêter parce qu'il s'apprêtait à traverser la rue sans regarder. Ça a fait ma journée ! »

Une enseignante a un ascendant particulièrement positif sur le cheminement scolaire de notre enfant ? Prenons la peine de lui exprimer notre appréciation et notre gratitude en insérant, à son intention, dans l'agenda de celui ou celle qui ne cesse d'en parler en des termes élogieux, une courte note manuscrite à cet effet. « Les parents n'ont pas idée du pouvoir de renforcement qu'un tel geste peut avoir, me confiait récemment une enseignante du second cycle du primaire. En plus de compenser l'indifférence des uns ou les insultes des autres, de telles marques d'appréciation nous aident à continuer à croire en notre mission. »

Nos enfants fréquentent le service de garde de l'école ? Montrons-nous reconnaissants de son apport qui, bien que complémentaire, n'est en rien négligeable. Beaucoup plus que de simples éducatrices, les personnes qui y travaillent sont elles aussi des L.E.A.D.E.R.S. de tout premier plan, en mesure, comme leurs collègues qui œuvrent en salles de classe, de constituer la différence pour ceux et celles qui se retrouvent dans leurs locaux en fin de journée. Nous n'avons qu'à porter attention à certains de leurs propos pour constater à quel point la majorité d'entre elles sont investies dans leur boulot.

« Notre vision est rassembleuse, raconte l'une d'entre elles. À chaque fois que je fais référence à mon milieu de travail, je parle de *notre* service de garde. C'est important pour moi de montrer que ce n'est pas que ma petite affaire à moi. L'éducation, celle qui prend en compte l'ensemble de la personne, c'est une question de rapprochement et de complémentarité entre les parties impliquées. »

Chose certaine, ce n'est pas en demeurant à l'écart, les deux pieds dans la même bottine, que la dynamique appelée à prévaloir dans nos milieux scolaires s'en trouvera bonifiée. Il importe plutôt – et le temps commence à presser – de poser des gestes afin de reconnaître l'apport incalculable et irremplaçable de tous ceux et celles qui, de près ou de loin, œuvrent quotidiennement à la formation personnelle et sociale de nos enfants.

Rappels inspirants

- ✔ L'éducation, celle qui prend en compte l'ensemble de la personne, c'est une question de rapprochement et de complémentarité entre les parties impliquées.
- ✔ L'essentiel, en matière d'éducation, ne se mesure pas toujours à la valeur et aux mérites des méthodes utilisées, mais plutôt à la conviction que nourrissent les intervenants en leur capacité de faire – et d'être – une différence dans la vie de ceux et celles qui leur sont confiés.
- ✔ Votre attitude, votre façon d'être présent tout en demeurant discret enseignent tout autant que n'importe quelle approche pédagogique par compétence ou par projet.

Georgette et Mariette

L'intuition porteuse

Au moment où j'ai moi-même eu à franchir le périlleux cap séparant l'enfance de l'adolescence, les moyens de communication et de fraternisation étaient loin de se comparer avec ceux prévalant de nos jours. Bien que je n'aie encore que la jeune quarantaine, « dans mon temps… », un des moyens d'établir et d'entretenir des liens avec ses semblables consistait à prendre part activement à la vie sociale de son quartier.

La messe paroissiale constituant encore à cette époque un carrefour privilégié de rassemblement communautaire – et, dans mon cas, une obligation familiale –, elle m'a été profitable à plus d'un égard. D'autant plus que mon père était le directeur des Rythmix de Plessisville, la chorale jeunesse à qui était confiée l'animation des chants lors de la célébration du samedi soir.

La voix écorchée par la mue débutante et le nez enluminé par une acné on ne peut plus apparente, le seul fait de me présenter aux côtés de gars généralement plus âgés que moi constitua un véritable défi lancé à mon embarrassante timidité. Mais heureusement, voilà qu'au fil des répétitions et des prestations, je réussis sans trop de mal à me faire accepter de cette confrérie annonçant à sa façon ce qui allait devenir le réseau Facebook.

Sous l'oeil de Gustave

Ce que Stéphane omet de dire, c'est qu'à l'époque, il avait ce qu'on pourrait appeler « le physique de l'emploi ». Affublé de la coupe René Simard, dont sa mère était l'une des plus ferventes admiratrices, il avait tout de l'enfant star de neuf ans… à part la voix d'or, malheureusement. Question de faire diversion sur les difficultés qu'il éprouvait à pousser la note, il faisait du *lip-sync* lorsque venait le temps d'entonner les alléluias et les amen ponctuant la célébration. Ce qui ne berna toutefois pas Simon, son voisin de chœur de deux ans son aîné, qui s'empressa de dénoncer le subterfuge auprès de l'ensemble des Rythmix.

Cette divulgation porta cependant bien peu offense au pseudo-chanteur aux allures de petit page. Sa participation à la chorale constituait certes pour lui un moyen avantageux de socialiser et de contrevenir à sa gêne, mais il préférait de loin faire la lecture des épîtres devant l'assemblée. Cette activité complémentaire l'attirait d'autant plus qu'elle lui permettait de répondre à un besoin, encore naissant mais non moins récurrent, d'occuper un rôle d'avant-plan lorsque des gens se trouvaient rassemblés. Même s'il était pratiquement toujours le seul à répondre aux invitations qui étaient faites chaque semaine à tous les membres de la chorale par la responsable de la liturgie – « Qui veut venir lire en avant samedi prochain ? », – Stéphane devint à ce point compétent et performant à la messe du samedi soir qu'il se mérita l'estimable titre de *Remplaçant numéro un* pour l'ensemble des célébrations dominicales.

Avec Stéphane au micro, le récit des défis rencontrés par Abraham lors de sa traversée du désert prenait les allures d'une véritable odyssée. De quoi jeter de l'ombre sur les admonestations du curé...

REMERCIEMENTS INATTENDUS

Même si mon goût de m'exprimer en public s'accentuait au fur et à mesure que les occasions se multipliaient, et que ma confiance en moi s'en trouvait du fait renforcée, je ne demeurais pas moins questionné sur la pertinence de mon implication... jusqu'à ce que prenne fin la célébration eucharistique d'un certain samedi soir de mai 1980. Un moment qui restera gravé à jamais dans ma mémoire.

Une fois les rites d'envoi achevés et les fidèles engagés vers les sorties, une dame d'un certain âge, accompagnée de son époux, s'avança vers moi avec l'intention manifeste de m'adresser quelques mots. Lorsqu'ils se furent approchés, je reconnus rapidement les résidents de la rue Bélanger, voisins de mes grands-parents maternels, des sexagénaires qui, pour le jeunot de douze ans que j'étais, suscitaient en moi le plus grand des respects.

« Bonsoir Stéphane ! me dit la femme en soutenant mon regard de ses grands yeux pétillants. Mon nom est Georgette. Ça fait longtemps que l'on veut te dire, mon mari et moi, que depuis que tu fais les lectures du samedi, nous, on se sent plus heureux ! » Wow ! Quelle réaction avoir devant une déclaration aussi inattendue ? Je restai littéralement figé sur place. Stupéfait, sans voix. Comment pouvais-je rendre deux personnes de cet âge aussi heureuses en ne leur lisant que des histoires, me disais-je en tentant de reprendre mes moyens ? Des histoires, qui de surcroît leur avaient déjà été racontées à plus d'une reprise.

Avec le recul, je suis aujourd'hui à même de saisir ce qui se cachait derrière ces paroles, qui au regard des occupations qui sont les miennes aujourd'hui, faisaient alors figure de véritables prophéties. Ce qui se profilait à travers les bons mots que Georgette avait pour le petit lecteur enthousiaste du samedi soir, avait tout à voir avec ce qu'aurait pu m'apprendre quel conseiller en orientation : « Ce qu'on veut te dire au fond, c'est que tu possèdes un talent en communication mais que tu ne le sais pas encore… »

Clairvoyante Georgette !

TÉNACITÉ ANNONCIATRICE

« Tiens, Stéphane, tu jetteras un coup d'œil là-dessus. S'il y en a un qui est capable de faire ça, c'est bien toi ! » Mariette, ma prof de français de deuxième secondaire, insistait de nouveau pour que je m'inscrive au débat oratoire annuel organisé par le club Optimiste de ma région. Un rapide coup d'œil sur le formulaire qu'elle me tendit suffit à faire naître en moi un état de stress sans nom : *Écrire un discours d'une durée de trois minutes... Apprendre par cœur... Présentation à l'auditorium de la polyvalente...*

Lire des textes dans une église où se trouvent rassemblés des quidams dont j'ignore l'identité et la provenance est une chose. Prononcer un discours de mémoire devant plus de quatre cents spectateurs, dont plusieurs parents et amis, en est une autre. Le défi m'apparut sans commune mesure avec les moyens dont je disposais : « Demandez à quelqu'un d'autre, madame, ce n'est vraiment pas pour moi. Je vous remercie quand même... »

C'était ignorer que Mariette était de ces personnes, qui lorsqu'elles sont animées d'une intuition qu'elles estiment fondée, ne lâchent pas le morceau facilement. « Je veux juste te rappeler que la date limite d'inscription approche à grands pas », ajouta-t-elle à son arsenal d'argumentations, ne se gênant pas pour revenir à la charge deux fois plutôt qu'une, au cours des semaines qui suivirent, avec le redouté formulaire. Ce qui eut finalement raison des dernières de mes résistances.

Un engagement étant un engagement, je m'attelai sans tarder à la tâche, ce qui me permit de mesurer rapidement l'ampleur du défi auquel je m'attaquais. Après quelques jours à m'échiner sur le thème imposé – *Vous, moi et l'avenir* –, j'avais versé plus de larmes sur mon ébauche de discours que j'y avais déposé de mots. Heureusement que des ***A***dultes ***S***ignifiants – Marthe, Paul-Henri, Mariette de même qu'un de ses collègues vinrent à mon secours, sinon je n'y serais jamais parvenu.

JOUR J •••

Le jour désigné de la compétition, quatre cent vingt-quatre personnes bien comptées s'entassèrent dans l'auditorium high-tech de la polyvalente La Samare de Plessisville. Placés au coude à coude au beau milieu de la première rangée, chacun des douze candidats et candidates tentaient de faire taire leurs démons intérieurs en attendant d'être appelé à s'exécuter. Quatrième en lice, je réussis à gravir les marches sans m'enfarger, contrairement à ce que m'avait fait voir le cauchemar venu hanter mon sommeil de la nuit précédente.

L'éclairage s'avérant éblouissant, je n'arrivai pas à repérer un regard susceptible d'amenuiser quelque peu le mélange d'angoisse et d'excitation qui m'étreignait. Mais en balayant lentement la salle du regard, je réussis toutefois à attirer les gens dans mon univers. Une fois le silence installé, il ne me restait plus qu'à m'exécuter.

J'ai finalement livré mon discours avec calme et conviction, sans trop laisser voir le trac qui m'étreignait. Ce qui me valut des applaudissements bien nourris. Soulagé d'avoir relevé un défi qui était d'abord et avant tout d'ordre personnel, je me sentis mieux disposé à porter attention aux exposés des autres concurrents qui, force m'était de le reconnaître, rivalisaient d'excellence les uns avec les autres.

Au fur et à mesure que la compétition progressait, nous avions beau nous dire que l'important, c'était de participer, et nous répéter, en ajout à cette sage exhortation du baron Pierre de Coubertin, que chacun méritait de remporter les grands honneurs, nous ne portions pas moins, dans notre for intérieur, le vif désir de coiffer tout le monde au fil d'arrivée. L'attente de l'éventuel verdict des juges, devant déterminer celui et celle qui s'étaient les plus distingués, mit par conséquent à l'épreuve la patience de plus d'un concurrent.

C'est Chantal, une de mes camarades de classe, qui se mérita l'honneur chez les filles. Et à ma grande surprise – et à ma grande joie ! –, je fus déclaré gagnant chez les gars. Le modeste trophée qu'on me remit était tellement chargé de sens à mes yeux qu'il me parut briller comme de l'or et mesurer plus de deux mètres de hauteur lorsque l'animateur de la soirée s'avança vers moi pour me le remettre. Bien plus que les applaudissements qui s'ensuivirent, c'est la fierté d'être allé au-delà de ma timidité et de mon manque de confiance en mes moyens qui fit de cette compétition une expérience que je n'oublierai jamais.

VOIR AU-DELÀ

Si, cette journée-là, j'ai réussi à me rendre là où je refusais même d'aller quelques semaines auparavant, c'est parce qu'une enseignante, une pédagogue et une formidable ***AS*** a su voir en moi le communicateur que j'étais appelé à devenir. En persévérant et en se faisant insistante aux moments où il le fallait, elle a réussi le tour de force de m'aider à me réaliser, personnellement et professionnellement. Elle a été capable de voir *au-delà de* : au-delà de ma timidité, au-delà de mon manque d'assurance. Une visionnaire que cette Mariette !

Qui que nous soyons, nos parcours respectifs sont tous marqués par des moments, des circonstances et des gens qui ont eu une influence directe sur le cours de nos vies : qu'il s'agisse de cet enseignant qui a su reconnaître des talents enfouis dont nous ignorions l'existence même, ou encore de ce voisin, de cette tante ou de cet entraîneur qui ont eu la clairvoyance de discerner l'artiste, le génie ou l'athlète au travers des différences, des limites et des faiblesses que nous tentions de dissimuler aux regards. Ces personnes phares possédaient-elles des antennes particulières pour ce faire ? Les conjonctures qui se sont avérées favorables étaient-elles le fruit du hasard ou relevaient-elles d'initiatives résolues ?

Georgette nous a quittés il y a de cela plusieurs années. Je ne sais pas ce qu'est devenue Mariette. Quoi qu'il en soit, toutes deux sont parties prenantes du plaisir que j'ai d'être ce que je suis et d'exercer le métier qui est le mien. Si j'ai pu surmonter une timidité qui me paralysait, si je fais aujourd'hui ce que j'aime le plus au monde – parler en public, chercher à inspirer les enfants et pousser les ex-enfants à se réaliser –, c'est en partie parce qu'elles ont pris quelques minutes de leur vie dans le but de faire une différence dans la mienne. Et, surtout, d'*être* cette différence. Où qu'elles soient aujourd'hui, qu'elles en soient sincèrement remerciées.

Il y a de ces gens qui croient en nous plus que nous ne pourrons jamais le faire nous-mêmes. Ce sont des répondants qui ont ce don pour déceler en nous les trésors qui, ne serait-ce que par respect pour le fait d'être en vie, méritent d'être extraits et mis en valeur. Georgette et Mariette étaient de ceux-là.

Quels sont ceux, aujourd'hui et demain, qui se montreront prêts à reprendre le flambeau qu'elles ont si généreusement porté ?

La reconnaissance est la mémoire du coeur.

Hans Christian Andersen, romancier,
dramaturge et poète danois.

ATTITUDES L.E.A.D.E.R.S

« La gratitude est comme une lampe de poche qu'on allume dans une pièce obscure : tout est déjà là, il suffit de l'éclairer », écrivait avec à-propos l'auteur Walter Green dans son livre *C'est le moment !*

Illuminer ce qui est déjà là, poser la lumière sur notre potentiel et nos acquis plutôt que de braquer le regard sur ce que nous n'avons pas encore, voilà une façon d'être et de faire qui devrait non seulement compter parmi les automatismes propres à tous ***L***es ***E***x-enfants qui ***A***ident ***D***es ***E***nfants à ***R***éaliser qu'ils sont ***S***péciaux, mais qui aurait également avantage à faire partie des réflexes prioritaires à développer chez chacun des jeunes qui nous sont confiés. Beaucoup trop d'enfants, malheureusement, calibrent l'estime qu'ils se portent à l'aune des comparaisons qu'ils sont en mesure de soutenir avec leurs pairs. C'est pourquoi il est plus qu'urgent que nous leur enseignions à s'apprécier pour ce qu'ils sont et pour ce qu'ils ont et non pas en fonction de ce que leurs semblables peuvent avoir ou être en mesure de se procurer.

Mais encore faut-il que ces jeunes puissent prendre exemple sur les ***A***dultes ***S***ignifiants qui les entourent. À quand remonte la dernière fois où nous avons pris le temps de remercier ceux et celles qui nous fascinent ou qui nous ont façonnés ? Possédons-nous ce que j'appelle le « réflexe de l'inventaire », ce regard du cœur posé sur ce qui fait de nous des êtres uniques et qui a le pouvoir d'élargir les horizons, de nous aider à prendre conscience de tout ce que la vie quotidienne nous apporte de bien et de bon et surtout, de l'apprécier ? Il s'agit là d'une habitude à développer, qui une fois devenue automatisme, augmentera notre potentiel d'être la différence recherchée par ceux et celles qui en sont au stade de poser leurs repères.

Et que dire des bienfaits qu'une telle attitude peut présenter pour notre état de santé physique et psychologique. Des études menées par Robert A. Emmons, professeur de psychologie à l'Université de Californie, démontrent que la gratitude manifestée, tant envers soi qu'à l'égard des autres, rend heureux, stimule l'intelligence et augmente le niveau d'énergie, autant chez la personne qui en fait montre que chez l'autre qui s'en voit témoigner. Exprimée de façon assidue, la gratitude contribue à diminuer le niveau de cortisol – une hormone exerçant une influence particulièrement grande sur le niveau général de stress –, à assurer une meilleure synchronisation entre le rythme cardiaque et le flux sanguin, de même qu'à dégager la respiration de manière à fournir davantage d'oxygène aux tissus corporels.

Ce faisant, ceux et celles qui développent le réflexe de témoigner spontanément de la gratitude en viennent à afficher une attitude générale plus positive, à se voir animés d'une détermination et d'une confiance accrues et à se voir transportés par un enthousiasme renforcé de même qu'une énergie plus grande.

Point besoin de s'astreindre à des manœuvres contraignantes pour y arriver. De tout petits gestes du quotidien peuvent servir de moyens d'expression à ces sentiments d'amour et de reconnaissance que l'on peut avoir envers quelqu'un : un appel téléphonique impromptu, un courriel inspiré par un élan du cœur, un service rendu sans qu'il ait été sollicité, un compliment exprimé sans autre intention que de faire plaisir, etc. Les possibilités, lorsqu'inspirées par le *réflexe de l'inventaire*, sont infinies.

Les mots de gratitude, et notamment les intentions qui les sous-tendent, ont le pouvoir de changer des vies. Surtout chez nos enfants. Lors des ateliers que j'anime en compagnie de Gustave, je ne cesse de prendre la mesure – à constater les sourires d'étonnement et de reconnaissance apparaissant sur leurs visages – de l'importance de dire merci à nos jeunes, et ce, sans lien avec la valeur ou la portée de ce qu'ils ont pu faire ou dire pour mériter de tels égards. Des miracles, vraiment !

Alors… qu'attendons-nous pour nous demander : quelle est la personne la plus significative dans notre vie aujourd'hui ?

Rappels inspirants

- ✔ Qui que nous soyons, nos parcours respectifs sont tous marqués par des moments, des circonstances et des gens qui ont eu une influence directe sur le cours de nos vies : qu'il s'agisse de cet enseignant qui a su reconnaître des talents enfouis dont nous ignorions l'existence même, ou encore de ce voisin, de cette tante ou de cet entraîneur qui ont eu la clairvoyance de discerner l'artiste, le génie ou l'athlète au travers des différences, des limites et des faiblesses que nous tentions de dissimuler aux regards.
- ✔ Possédons-nous ce que j'appelle le « réflexe de l'inventaire », ce regard du cœur posé sur ce qui fait de nous des êtres uniques et qui a le pouvoir d'élargir les horizons, de nous aider à prendre conscience de tout ce que la vie quotidienne nous apporte de bien et de bon et surtout, de l'apprécier ?
- ✔ Il y a de ces gens qui croient en nous plus que nous ne pourrons jamais le faire nous-mêmes. Ce sont des répondants qui ont ce don pour déceler les trésors qui, ne serait-ce que par respect pour le fait d'être en vie, méritent d'être extraits et mis en valeur.

Jonathan
La sensibilité assumée

Les ressemblances entre les Jonathan dont il est question dans les lignes qui suivent ne relèvent pas du simple fait qu'ils portent tous trois le même prénom. Les réactions qu'ils ont eues, à des moments où les circonstances prévalant en laissaient présager de différentes, ont eu pour effet de faire ressurgir en moi des sensibilités trouvant racine dans ma propre enfance. Je soupçonne même que leur spontanéité ait amené nombre de leurs camarades à se connecter à ce que l'être humain a probablement de plus précieux : la faculté de s'émerveiller.

JONATHAN LE CAMPEUR

Nous sommes à la troisième édition du camp JeunEstime du Club des petits déjeuners. Le petit coin de campagne où est censé se dérouler le week-end est tout simplement enchanteur et la météo s'annonce des plus agréables. Les jeunes participants s'affairent à poser leurs valises et à étendre leur sac de couchage. « Je prends ce lit-là », lancent certains, « Moi, je me réserve celui du haut », reprennent d'autres, soucieux qu'ils sont tous de s'accaparer les meilleures places.

« Hey, les gars, on pourrait alterner – une nuit en haut, une nuit en bas – et tirer à pile ou face pour savoir qui aura le premier choix », lance encore un autre, démontrant de fait de belles aptitudes de leader. « Bonne idée ! », acquiesce le reste du groupe, fébrile à l'idée de se retrouver en gang, en pleine nature, loin des contraintes scolaires et interdits familiaux.

Une fois la distribution des chambres terminée, vint le moment pour ces préados – une fois que les filles eurent fait de même dans la portion du camp qui leur était réservée – de se rassembler près du foyer intérieur afin d'échanger leurs impressions sur les premières heures qu'ils venaient de vivre ensemble. Même s'ils demeurèrent spontanément portés à laisser d'abord voir leurs côtés frivoles et indolents, ils ne firent pas moins montre d'une étonnante capacité à se dire et à se confier. Il suffit parfois qu'un premier accepte de s'ouvrir pour que ceux qui hésitaient à le faire lui emboîtent spontanément le pas. C'est exactement ce qui s'est produit ce soir-là.

Mais une fois le partage terminé et venue l'heure de se mettre au lit, voilà que Jonathan, 11 ans, s'approcha de moi en me faisant signe de nous mettre à l'écart. « Je peux te parler un instant, Stéphane ? » me dit-il, en affichant le sérieux de quelqu'un qui est porteur d'un secret d'État. « Je ne veux surtout pas que tu en parles aux autres, c'est promis ? » prit-il la peine d'ajouter, me rendant ainsi complice de ce qui semblait hautement le préoccuper.

« Euh, Stéphane... pourrais-tu... s'il te plaît... tantôt... lorsque tu te retireras dans ta chambre... » L'aveu semblait si difficile à faire que j'ai cru un moment qu'il n'y parviendrait jamais. « J'aimerais... avant de te coucher... que tu dises *Bonne nuit* à ton ami Gustave de ma part », qu'il me chuchota enfin à l'oreille, en s'assurant que personne ne l'entende se compromettre de la sorte face à ce qui n'était finalement qu'une marionnette. Même si elle pouvait paraître enfantine, la confidence qu'il me fit me laissa le cœur en joie... et le visage en point d'exclamation ! « Pas de problème, Jonathan, lui répondis-je, tu peux dormir tranquille, le message sera fait ! »

Je l'aurais gratifié d'un équipement de hockey tout neuf ou du dernier modèle de téléphone intelligent qu'il n'aurait pas été plus heureux. Ce qui démontre à quel point j'aurais eu tort de réagir en éducateur pragmatique et réaliste en lui rappelant que Gustave, tout comme le père Noël, n'était qu'un personnage tout droit sorti d'un univers inventé de toutes pièces pour les besoins de la cause. Tout enfant qu'il me rappelait que j'étais, je ne me voyais aucunement aller à l'encontre d'une telle candeur, d'un tel émerveillement si bien assumé qu'on s'empresse trop souvent de refouler au profit d'une soi-disant maturité. J'étais à ce point touché par la naïveté et la franchise de Jonathan que j'ai eu envie de lui dire que Gustave avait déjà hâte au lendemain pour le remercier de sa délicate attention...

JONATHAN LE COURAGEUX

Celui que je veux maintenant vous présenter n'a rien du jeunot qui se préoccupait de la quiétude nocturne de Gustave. Les quatorze ans bien sonnés, une taille qui aurait fait l'envie de n'importe quel basketteur en devenir, la voix bien ancrée dans les sons graves, cet étudiant de troisième secondaire aurait facilement pu être confondu avec un jeune homme de trois ou quatre ans son aîné. Gustave et moi l'avons retrouvé dans un de nos ateliers au cours duquel nous faisions valoir l'importance de la parole et du dialogue lorsque vient le temps de régler un problème ou de contrer une peine.

À la question « À qui peux-tu te confier lorsque tu es toi-même placé devant une telle situation ? », la plupart des jeunes faisaient alors référence à un parent, un ami, un prof, un coach ou un animateur en qui ils avaient confiance et dont ils se sentaient proches. Mais à constater son absence de réaction depuis le début des échanges, il était évident qu'il en allait différemment pour Jonathan. « Moi, depuis que je suis tout petit, c'est à un toutou que je me confie, finit-il par dire après que pratiquement tout le monde se soit exprimé. Je sais que ça peut paraître drôle, mais ça me fait du bien et ça me rassure. J'ai bien le droit, non ? »

Ce que je redoutais ne tarda pas à se produire. En moins de deux, l'atelier sur l'estime de soi se transforma en véritable séance de raillerie : rigolade, moqueries et dérision s'enchaînèrent à la vitesse de l'éclair. Ce qui, en plus de me placer dans une situation pour le moins délicate, m'obligea à réagir rapidement avant que le tout ne dégénère complètement. « Jonathan, m'empressai-je de reprendre en balayant la classe d'un regard qui ne cachait rien de ma désapprobation et de mon malaise, tu viens de prendre une initiative drôlement courageuse. Tu t'es balancé de l'opinion des autres parce que tu sais que la façon que tu as de te confier ne cause aucun mal à personne. Ce que tu viens de faire, ça s'appelle s'affirmer et j'espère que tu vas continuer à faire de même toute ta vie. »

Mon intervention figea littéralement tout le monde. Les rires s'éteignirent un à un tel un sac de popcorn minute arrivé en fin de cuisson. « Vous venez de rire un bon coup à l'idée de voir le grand Jonathan faire des confidences à un animal en peluche. Ce que vous, bien évidemment, n'oseriez jamais faire, n'est-ce pas ? Eh bien, si vous me permettez de vous dire ce que j'en pense, j'estime qu'il s'agit là d'un total manque de respect à son endroit ! » Laissant temporairement de côté la démarche normalement prévue à cette étape de l'atelier, je leur proposai un petit sondage. « Soyez francs, qui parmi vous fait comme Jonathan et garde un toutou non loin le soir en se couchant ? » Aussi étonnant que cela puisse paraître, plus de la moitié du groupe leva timidement la main en posant un regard contrit en direction de celui qui avait eu l'audace et le courage d'être lui-même.

À preuve qu'on a tous, à un moment ou à un autre de notre vie, besoin de parler… ou d'un toutou !

JONATHAN LE SENSIBLE

De tous les ateliers que Gustave et moi animons dans les écoles, il n'en est pas un qui ne soit précédé de cette question adressée directement à l'enseignant responsable du groupe que nous nous apprêtons à rencontrer : « Parmi vos élèves, lesquels auraient particulièrement besoin de valorisation, de retrouver quelques étoiles dans leur regard ? »

Dans cette école primaire de la Montérégie, l'enseignante avait attiré mon attention sur un jeune dont le comportement, souvent répréhensible, suscitait de nombreuses réactions de rejet de la part de ses camarades de classe. « Les élèves, dans leur ensemble, possèdent un grand potentiel académique et laissent voir de nombreuses habiletés sociales, me dit-elle. Il n'y a que Jonathan qui fasse exception. Même s'il est devenu un familier des visites chez la directrice, je ne continue pas moins de mettre l'accent sur les forces qu'il possède tout en tenant compte, dans mes interventions auprès de lui, du contexte familial perturbant duquel il est issu. »

Dès les premières minutes de l'atelier s'installa entre Jonathan et moi une connivence qui, j'en étais convaincu, ne ferait que s'accentuer au cours de l'heure qui allait suivre. Réceptif, respectueux et ouvert à mes questionnements, il était de ceux qu'on n'a pas besoin de solliciter bien longtemps pour qu'ils participent. À la question « Que fais-tu pour retrouver la joie de vivre lorsque tu es triste ? », il s'empressa de donner la réponse à laquelle personne ne s'attendait. « Je fais un câlin à mon papa », dit-il fièrement, après avoir levé la main pour demander la parole.

Sa réponse jeta littéralement la consternation chez la vingtaine de jeunes qui l'entourait. Est-ce vraiment Jonathan, semblaient-ils dire, leur regard allant de lui à moi, tout en attendant une réaction de ma part. Après un long silence – au cours duquel l'enseignante, la stagiaire qui se trouvait là et moi-même tentions, tant bien que mal, de ravaler la boule qui nous nouait soudainement la gorge –, je m'accroupis devant le pupitre de Jonathan en le regardant droit dans les yeux et en lui disant qu'il avait raison de s'affirmer comme il venait de le faire. Que la sensibilité n'est pas une faculté offerte en option aux plus doués, qu'elle n'a rien d'une limite ou d'un défaut, et qu'elle est plutôt même une qualité que l'on a tout avantage à rechercher.

« Je fais un câlin à mon papa », une réaction si simple et si belle à la fois. L'expression de la grandeur d'âme de Jonathan le sensible.

MACHISME RÉVOLU

L'évocation de ces trois portraits n'a rien à voir avec une quelconque apologie de la sensibilité. L'exercice avait seulement pour but d'illustrer à quel point l'expression de ce trait de caractère, encore trop souvent réprimé par une prétendue rectitude sociale, peut engendrer tout un lot d'ouvertures à l'autre et de prises de conscience de notre potentiel. On n'a qu'à regarder tout autour, les gens qui assument pleinement leur sensibilité ne semblent-ils pas empreints d'un sentiment de liberté qui fait envie ?

À nous de sensibiliser à cette dimension hautement appréciable les garçons et les jeunes hommes qui sont placés sous notre responsabilité. C'est leur capacité de s'émouvoir et de se laisser toucher qui leur permettra d'apprécier à leur juste valeur les beautés du monde qu'ils seront appelés à découvrir.

Sous l'oeil de Gustave

Nous ne comptons plus le nombre de jeunes élèves, filles et garçons de tous âges, qui manifestent leur mal-être, leur peine, leur chagrin – et parfois même leur joie et leur débordement d'enthousiasme – lors des ateliers que Stéphane et moi animons dans les classes. Des sanglots étouffés jusqu'aux pleurs bien nourris, chaque larme s'avère porteuse d'une histoire, d'un manque, d'un trop-plein ou d'une déception.

Certains y vont de révélations surprenantes – « Mon papa vend de la drogue, il est en prison et je m'ennuie » – tandis que d'autres s'excusent presque de révéler leur émotivité tant leur désarroi peut paraître dérisoire aux yeux de ceux et celles qui sont étrangers à ce qu'ils vivent. Pourtant, il n'est pas de tourments ou de chagrins banals ou futiles. Il importe au contraire de laisser l'enfant faire état de ce qui le préoccupe ; qui sait, peut-être n'a-t-il pas la possibilité de le faire à la maison ou auprès des gens qui l'entourent ? Chose certaine, la réaction la moins indiquée consiste à répondre ce que nous avons déjà entendu de la bouche d'une enseignante de niveau primaire qui, nous osons le croire, ne mesurait pas l'impact que pouvaient produire ses paroles : « Sèche tes larmes de crocodile ! » s'empressait-elle de servir aux jeunes qui se permettaient un élan de sensibilité ou qui laissaient voir quelques larmes. Une véritable entrave à la liberté de se dire et de s'exprimer !

Lorsque Stéphane se retrouve devant un enfant qui demande la parole pour faire part d'une situation qui le préoccupe ou qu'il sent qu'un jeune nourrit un tel désir mais n'ose pas le manifester, il arrête tout et dirige son attention sur celui ou celle qui cherche à se dire. Même s'il se trouve parfois quelques insouciants ou quelques irréfléchis pour rire ou faire diversion, cette manière de faire donne habituellement lieu à des échanges où la sensibilité occupe une place de choix.

Une autre façon d'introduire les enfants et les jeunes à l'école de la vie !

Ce qu'un père peut faire de plus important pour ses enfants, c'est d'aimer leur mère.

Theodore Hesburgh, prêtre américain.

ATTITUDES L.E.A.D.E.R.S

« Promets-moi, Stéphane, d'être toujours gentil avec les filles », me glissa tout doucement ma mère à l'oreille en me caressant le visage, comme pour marquer l'instant et s'assurer que le message ait toute la portée qu'elle cherchait à lui donner. Je m'en rappelle comme si c'était hier ; j'avais quatre ans et j'étais en train de jouer dans le carré de sable attenant à la cour arrière de la résidence familiale.

Sûrement l'exhortation a-t-elle produit les fruits recherchés, parce que, depuis lors, j'ai toujours considéré que l'égalité entre les hommes et les femmes allait de soi. J'ai cependant vite constaté que ce n'était pas le cas de tout le monde et que la réprobation et la discrimination faisaient même encore partie, dans certaines familles, de l'héritage intergénérationnel.

« Une chance qu'ils l'ont appelé Larousse, parce que s'ils l'avaient appelé Lablonde, il n'y aurait rien dedans… » me suis-je un jour fait lancer par un élève de sixième année au moment où j'en appelais au dictionnaire en référence à un mot, un peu moins usuel, que je venais d'utiliser dans le cadre d'une animation. Il n'en fallut pas plus pour que j'arrête tout et que j'amorce un échange sur l'irréfutable et incontestable égalité homme-femme.

En appui à mon argumentation, je n'hésitai pas à me référer aux réflexions que partagea un jour l'actrice Emma Watson devant l'assemblée générale des Nations Unies. L'égalité des genres, disait-elle essentiellement, ne pourra advenir que grâce à une participation active des garçons et des hommes. Tout comme cette représentante de bonne volonté de l'ONU, je considère en effet que c'est par la sensibilisation des jeunes garçons, dès le moment où ils commencent à établir des liens avec leurs vis-à-vis de l'autre sexe, qu'adviendra la nécessaire égalité entre les hommes et les femmes.

« Tous les êtres humains naissent libres et égaux en dignité et en droits », rappelle l'article premier de la Déclaration universelle des droits de l'homme. Quel que soit son statut, sa culture ou sa religion, aucun homme n'est justifié d'exercer une forme ou l'autre de contrôle ou de pouvoir sur une femme. C'est à nous, ***L***es ***E***x-enfants qui ***A***ident ***D***es ***E***nfants à ***R***éaliser qu'ils sont ***S***péciaux, qu'il revient de sensibiliser les jeunes garçons, non seulement à l'importance, mais à la nécessité d'agir avec respect et considération avec leurs mères, leurs sœurs, leurs amies, leurs voisines, leurs collègues de travail et leurs compagnes de vie.

Qu'on se le dise et qu'on n'hésite surtout pas à se le rappeler : en matière d'injustices et de discriminations envers les femmes, le silence et l'indifférence sont les pires des complices. C'est donc en persistant pour instaurer et maintenir le dialogue, et en donnant l'exemple, que les ***A***dultes ***S***ignifiants contribueront à ramener à leur point d'équilibre les profitables mais non moins fragiles rapports entre les hommes et les femmes. Ce n'est qu'à cette condition qu'il deviendra possible à tout jeune de faire les rapprochements qui s'imposent entre égalité des sexes et respect de la personne.

Rappels inspirants

- ✔ La sensibilité n'est pas une faculté offerte en option aux plus doués ; elle n'a rien d'une limite ou d'un défaut, elle est plutôt même une qualité que l'on a tout avantage à rechercher.
- ✔ L'expression de ce trait de caractère, encore trop souvent réprimé par une prétendue rectitude sociale, peut engendrer tout un lot d'ouvertures à l'autre et de prises de conscience de notre potentiel.
- ✔ C'est la capacité que développeront les jeunes à s'émouvoir et à se laisser toucher qui leur permettra d'apprécier à leur juste valeur les beautés du monde qu'ils seront appelés à découvrir.

Audrey
L'enfant pédagogue

Bien que j'estime être animé d'une intense fibre parentale, je n'ai jamais eu le privilège de donner la vie. Sûrement ma mission m'appelait-elle ailleurs. Ce qui m'apparaît toutefois manifeste, c'est que les circonstances de l'existence m'ont amené à confirmer les enfants des autres dans ce qu'ils sont, qu'il s'agisse de mes neveux et nièces, des élèves de niveau primaire, des étudiants du secondaire, des jeunes frimousses des camps de jour ou des participants aux événements d'entraidants et de leadership jeunesse. Et à tous ceux-ci, qui n'ont eu de cesse de me fasciner et de me façonner, est venue s'ajouter Audrey, la fille de mon amoureuse, une adolescente débordante de vie qui a l'art de susciter enthousiasme et énergie autour d'elle en demeurant tout simplement ce qu'elle est.

Voilà plus de dix ans qu'Audrey, sa mère et moi vivons sous le même toit, ce qui s'est avéré largement suffisant pour que je développe avec cette adolescente en devenir une complicité de tous les instants. Je n'ai certes pas droit à tous les égards de son père biologique – câlins, amour filial, etc. –, mais ma proximité avec elle m'a tout de même mérité l'enviable appellation de *clown personnel de Mademoiselle*. Ce qui est loin de constituer une appréciation à rabais.

Ai-je moins d'impact et d'influence sur la vie d'Audrey parce que je ne suis pas son père naturel ? Rien n'est moins sûr, parce que, comme le chante si bien Serge Lama, « Le père pour l'enfant, c'est celui qui est là, qui caresse sa mère et qui lui tend les bras. »

ASSUREURS EN HERBE

Bien que sa présence, même permanente, ne soustraira jamais les parents biologiques à leurs responsabilités à l'égard de celui ou celle qu'ils ont conçu ensemble, le parent d'emprunt est appelé à jouer un rôle de toute première importance dans l'éducation de l'enfant qui se retrouve, sans qu'il l'ait nécessairement demandé, au cœur d'une nouvelle dynamique de couple. Et ses interventions seront d'autant plus édifiantes s'il bénéficie de la confiance et du soutien du parent biologique.

Car il en va souvent de la vie en famille reconstituée comme d'une randonnée en escalade. Qu'ils soient débutants ou expérimentés, confiants ou hésitants, les adeptes de ce sport ne prennent le risque de grimper qu'à condition d'être solidement attachés à une autre personne demeurant au sol. Le travail de ce partenaire et complice, que l'on nomme assureur, consiste à exercer le contrôle de la corde de progression de manière à ce que la personne engagée dans l'ascension demeure retenue si elle venait à perdre pied. Le rôle de celui ou celle qui *assure* est donc primordial pour garantir la quiétude et le plaisir du grimpeur. Une simple inattention de sa part peut faire virer au cauchemar une expédition qui s'avérait pourtant des plus prometteuses.

C'est ce qui s'est produit dans un centre d'escalade que fréquente un de mes amis. L'assureur ayant eu un moment d'inattention ou d'égarement – il était là, semble-t-il, de corps, mais pas vraiment de cœur et d'esprit –, voilà qu'un des plus expérimentés grimpeurs du club s'est pris une très vilaine chute sans que rien ni personne ne puisse le retenir. Beaucoup plus que les fractures et les ecchymoses qu'il a récoltées, c'est la confiance, en lui et en les autres, qui s'en est vue atteinte. Ce qui démontre toute l'importance de celui dont la fonction consiste à se faire très présent tout en demeurant en retrait.

Même si ce rôle d'assureur semble être taillé sur mesure pour les parents d'emprunt que sont les conjoints en couple avec un partenaire qui a déjà un enfant, nous avons tous pour mission – parent naturel ou désigné, éducateur chevronné ou apprenti, animateur reconnu ou débutant – d'assurer les plus forts liens possibles avec les enfants et les jeunes qui nous sont confiés. Il relève de notre responsabilité première d'aider chaque enfant à entreprendre et à poursuivre l'escalade vers ses propres sommets. En lieu et place de cordes, de harnais et de sangles pour l'aider à le faire, nous disposons de mots, de gestes, de regards et d'intonations pour le convaincre de tout le potentiel qu'il possède pour aspirer aux plus hautes cimes. À condition, bien entendu, de respecter son rythme et son choix de destination. Ce n'est pas en tirant plus fort sur la corde de progression que les jeunes escaladeurs grimperont plus rapidement !

Sous l'œil de Gustave

Au risque que cela vous apparaisse inapproprié, permettez-moi de vous faire part d'un secret. Stéphane envie les parents ! Il vous considère en effet privilégiés, vous qui disposez de beaucoup plus de temps que lui pour tisser des liens significatifs et ainsi laisser à votre enfant le plus bel héritage qui soit : le sentiment d'être aimable et d'être aimé. Ne s'agit-il pas là du plus beau cadeau qui confirmera sa valeur et lui inspirera la confiance d'être éventuellement apprécié pour ce qu'il est ?

Il suffit parfois d'une toute petite étincelle pour mettre le feu à ce qui ne demandait qu'à être allumé. C'est ce qu'ont un jour donné à voir un père et son fils venus participer à un atelier parent-enfant que Stéphane animait en marge de nos activités en salle de classe. Vêtu d'un impeccable complet cravate mettant en valeur sa personnalité affirmée et flamboyante, l'homme contrastait singulièrement avec son fils qui, de taille et d'approche, présentait un profil plutôt effacé.

À première vue, il y avait tout lieu de s'interroger sur les motivations qui avaient décidé le père en question à s'inscrire à une telle activité. Retranché dans un des coins de la salle, son esprit semblait à des années-lumière de ce que Stéphane s'évertuait à raconter. Jusqu'à ce que, dans le cadre des quelques exercices proposés, les échanges avec son fils se mirent à vibrer à une autre fréquence. De clins d'œil en je t'aime, et de rapprochements en étreintes, voilà que le regard de l'adulte sur l'enfant s'est mis à se transformer. Avant même que l'atelier ait pris fin, le père avait fait place au papa.

Le changement, aussi prometteur que fragmentaire, s'est amorcé à compter du moment où l'homme s'est donné le choix : soit reproduire les comportements dont les résultats s'annonçaient prévisibles, soit prendre le risque de faire autrement en laissant tomber quelques habitudes.

Au vu des résultats obtenus ce soir-là, il y a de quoi comprendre un peu mieux l'envie secrète que Stéphane nourrit à l'endroit de ceux et celles qui sont en mesure d'intervenir aussi souvent que le quotidien leur en donne l'occasion auprès de ce que seront les adultes de demain.

L'ARROSEUR ARROSÉ

Ce serait cependant faire erreur de penser que, parce que nous sommes appelés à exercer une certaine forme d'influence sur l'ascension des plus jeunes, nous n'ayons plus rien à apprendre d'eux. Ce sont en effet ceux que nous croyons le mieux connaître qui ont souvent l'art de nous étonner et de nous sensibiliser à des réalités qui nous échappent. Audrey est de ceux-ci.

La scène est des plus familières. C'est l'été et nous profitons d'une des plus belles fins de journée pour partager un souper en famille autour du barbecue. Puis la soirée s'étirant lentement autour du foyer extérieur, Audrey nous annonce qu'en guise de collation, elle se prépare à nous faire goûter une nouvelle préparation de son cru. Ce qui n'est pas sans plonger dans la plus profonde perplexité celui qui ne jure que par les grillades et les guimauves roussies à la braise.

« Oui, mais Audrey, tu es en train de faire griller une chips ! » n'ai-je pu m'empêcher de lui dire en la voyant s'exécuter, laissant transparaître du coup mon scepticisme et, force m'est de l'avouer, une certaine résistance à la nouveauté. « Patience, le grand, me répondit-elle, animée de l'assurance et de la désinvolture de celle qui ne doute aucunement de l'impact qu'elle s'apprête à créer, tu ne perds rien pour attendre. »

Comme l'exercice l'annonçait, peu de temps s'en fallut pour que la croustille en question se transforme en un réduit calciné difficilement qualifiable. Mais au moment où je m'apprêtais à lui dire : « Si tu me l'avais demandé avant, je te l'aurais bien dit que tu n'arriverais à rien, qu'une chips, c'est déjà grillé et qu'il n'y a rien à tirer de la remettre au feu », voilà qu'elle se tourne vers moi en me tendant le résultat de sa manœuvre pour le moins inusitée.

Comment réagir devant tant de candeur et de confiance en soi ? Question de ne pas la décourager trop rapidement de l'initiative dont j'étais persuadé de l'échec, je portai l'objet à mes lèvres avec une retenue qui ne manqua pas d'illustrer mon absence d'enthousiasme. Et voilà qu'à ma grande surprise, l'inattendu se produisit. Je fus non seulement charmé par le goût de cette mixture pour le moins étonnante, mais je me surpris même à en redemander.

« Pas mal, hein, Stéphane ? Tout le secret se trouve dans la cuisson supplémentaire ; c'est ça qui rehausse la saveur », me lança, d'un ton espiègle, celle qui jubilait à l'idée de m'avoir fait ravaler ma prétention. Bien pris qui croyait prendre, voilà que je venais de découvrir une tout autre facette des croustilles que je mangeais depuis plus de trente ans. Une apprentie sage d'une douzaine d'années venait de me sensibiliser à une réalité qui, dans ma suffisance de parent d'appoint, m'échappait complètement.

QUESTION DE GOÛT

Mais là n'allaient pas s'arrêter les leçons d'apprentissage qui semblaient m'être réservées cette journée-là. Au moment de ranger les quelques chips épargnées lors de l'exercice culinaire de notre Josée di Stasio en puissance, voilà que mon regard se posa par hasard sur la boîte de croustilles Pringles, ces similichips qui, bien que faites d'un mélange de poudre de riz, de blé, de maïs et de copeaux de pomme de terre, se prennent pour de véritables chips.

Mais même si elles refusent de se présenter sous leur vrai jour, les Pringles ne manquent pas d'attrait. En plus d'offrir le même goût alléchant que les chips régulières, leur forme parfaitement standardisée permet de les conserver dans un contenant en forme de tube hermétique favorisant le stockage et le transport. Ainsi, qu'elles se retrouvent à Marseille, Mogadiscio, Moscou ou Mascouche, ces amuse-gueules ont invariablement la même forme, la même apparence, la même couleur et la même saveur. Pareilles, pareilles, pareilles ; toutes pareilles. Jamais de surprise, toujours prévisibles.

En ce sens, elles diffèrent singulièrement des chips Yum Yum de mon enfance. Peu importe la grosseur du sac, nous y retrouvions, comme il se doit, des chips jaune pâle, couleur patate. Mais – ô plaisir ! – chaque contenant offrait aussi son lot de croustilles bleutées ou verdâtres et affichant parfois même d'autres couleurs de l'arc-en-ciel. Ce qui ne manquait pas de faire bondir ma mère d'effroi. « Ne les mange pas, celles-là, Stéphane, tu vas te rendre malade ! » s'empressait-elle de me dire lorsqu'elle se rendait compte que je les sélectionnais avec soin. Faut croire que les appréhensions de Marthe manquaient de fondements, puisque je ne me suis jamais senti aussi bien que lorsque je les engouffrais avec avidité.

Les Yum Yum de mon enfance, différentes et colorées, même si leur texture et leur forme différaient passablement les unes des autres, avaient ce petit quelque chose qui les rendait meilleures au goût. Elles semblaient faites sur mesure pour titiller mes papilles. Au fond, je les trouvais parfaites dans leur imperfection. Elles avaient le mérite de me préserver de la routine. Chaque sac s'avérait une fête annoncée, comme les boîtes de Cracker Jack avec leur cadeau.

Et nous, dans notre famille, dans notre couple, à l'école, au bureau, au service de garde, que voulons-nous que ça goûte au quotidien ? Les Pringles ou les Yum Yum ?

Nous ne gardons pas le souvenir des jours.
Nous conservons le souvenir de certains instants.

Cesare Pavese, écrivain italien.

ATTITUDES L.E.A.D.E.R.S

Oh ! Simples choses, où êtes-vous donc ?

Je me fais vieux et j'ai besoin d'une chose à laquelle me raccrocher.

Traduction libre d'un extrait de la chanson *Somewhere Only We Know* du groupe pop rock britannique Keane.

Il y a de ces chansons qui réchauffent le cœur comme un vent chaud chassant un froid glacial. Celle dont est reproduit ici un extrait a entre autres été utilisée par l'interprète britannique Lily Allen dans un vidéoclip promotionnel diffusé en boucle au cours des festivités de fin d'année 2013. Autant les paroles que les images qui y étaient associées m'ont ramené à ce que ma belle-fille m'a enseigné au fil des ans : l'importance des choses simples, trop souvent appelées à tort des « instants ordinaires ». Comme, par exemple, se regarder. Se regarder *pour vrai.*

Récemment, Audrey et son amoureux nous ont fait le cadeau de nous recevoir, ma conjointe et moi, chez nous, à la maison. Bien davantage que ce qui figurait au menu

– et qui était tout à fait délicieux –, ce sont les échanges qui ont pris forme entre une bouchée de poulet général Tao et une gorgée d'eau pétillante qui nous ont le plus nourris. En prenant ainsi congé, l'espace de quelques heures, de nos agendas chargés comme des mulets et de nos obligations, pas toujours aussi indispensables que nous le pensons à la rotation de la planète, l'initiative d'Audrey a transformé une exigence *ordinaire* de la vie de tous les jours – manger – en une occasion *hors de l'ordinaire* d'échanger et de se regarder *pour vrai*.

Il n'y a pas de recette universelle pour parsemer la vie, comme l'ont fait ces deux jeunes cette fois-là, de points d'exclamation plutôt que de points de suspension. Le nombre de possibilités est à la mesure de nos élans d'imagination. Qu'il s'agisse d'envoyer des mots-bonheur par la poste à des gens que nous sommes portés à oublier, de déposer une jarre de biscuits maison sur le perron d'un voisin, de féliciter un employé qui nous a prodigué un service particulièrement attentionné, les opportunités ne manquent pas de créer des instants-bonheur, des moments-vérité.

Au moment d'écrire ces lignes, Audrey et moi nous apprêtons à décorer la maison en préparation de la fête de Noël. Un rituel qui n'est pas sans nous rappeler de nombreux souvenirs d'enfance. « As-tu été sage cette année ? » nous demandait le vieillard à la longue barbe entre deux des éclats de rire qui l'ont rendu légendaire. À nous voir nous agiter à ce point, pour finalement revenir de cette période de réjouissances et de présumées vacances encore plus exténués que quand nous l'avons amorcée, il y a tout lieu de nous demander si nous avons vraiment acquis la sagesse à laquelle faisait référence celui à qui nous remettions la liste des cadeaux que nous convoitions.

Mais qu'en est-il au juste de la sagesse ? La vraie ? Ne consisterait-elle pas, tout simplement, à prendre nos distances avec tout ce qui se veut compliqué et pas suffisamment vrai ?

Oh ! Simple choses, où êtes-vous donc ?

Je me fais vieux et j'ai besoin d'une chose
à laquelle me raccrocher.

Rappels inspirants

- « Le père pour l'enfant, c'est celui qui est là, qui caresse sa mère et qui lui tend les bras. » Serge Lama, *L'enfant d'un autre.*
- Bien que sa présence, même permanente, ne soustraira jamais les parents biologiques à leurs responsabilités à l'égard de celui ou celle qu'ils ont conçu ensemble, le parent d'emprunt est appelé à jouer un rôle de toute première importance dans l'éducation de l'enfant qui se retrouve, sans qu'il l'ait nécessairement demandé, au cœur d'une nouvelle dynamique de couple.
- Il relève de notre responsabilité première d'aider chaque enfant à entreprendre et à poursuivre l'escalade vers ses propres sommets. En lieu et place de cordes, de harnais et de sangles pour l'aider à le faire; nous disposons de mots, de gestes, de regards et d'intonations pour le convaincre de tout le potentiel qu'il possède pour aspirer aux plus hautes cimes.

Charles

Le regard intérieur

Comme beaucoup de familles des années 1970, celle de Charles constituait un modèle en son genre : un papa, une maman, deux enfants, un chien, un bungalow en banlieue et une piscine hors-terre. Et pour ajouter à cet amalgame de vertus, ils étaient croyants. Croyants et pratiquants. À la messe tous les dimanches, chacun se faisait un devoir de modeler sa vie selon les valeurs préconisées par l'institution doublement millénaire à laquelle ils s'identifiaient.

Bien que certains sermons du curé suscitaient chez lui d'irrésistibles bâillements, Charles voyait sa lassitude occasionnelle largement compensée par la responsabilité qui lui avait été confiée d'illustrer les scènes bibliques qu'évoquaient les lectures du jour. Pour ce faire, il s'inspirait des sculptures en papier de Claude Lafortune, ce maître de la colle, du carton et des ciseaux, qui à travers les nombreuses émissions télé qu'il anima, éveilla la curiosité et suscita la créativité de centaines de milliers de jeunes à travers le Québec. Charles fut de ceux que l'émission *L'évangile en papier* convainquit qu'il était habité, lui aussi, d'un certain nombre de talents artistiques.

REMISES EN QUESTION

Même si son adolescence fut épargnée des importants soubresauts que connurent nombre de ses camarades et amis, Charles n'évita cependant pas les remises en question propres à cette période de transition et de prise en charge. Ce qui l'amena, sans pour autant désavouer le contentement qu'il avait pu retirer de sa ferveur d'antan, à informer ses parents de son désir de prendre ses distances par rapport à tout ce qui avait odeur d'encens et de cire fondue. Animés du désir de respecter le choix de leur fils, ceux-ci acquiescèrent, mais non sans avoir préalablement opposé quelques résistances et s'être permis quelques recommandations d'usage.

Après une courte incursion dans les univers du sport et des arts graphiques, Charles trouva de nouveau une motivation dans l'apprentissage de la musique. Même s'il n'avait pas la voix des chanteurs de charme ou des rockeurs du moment, il ne manquait pas d'impressionner ceux et celles – et particulièrement celles – qui portaient attention à ses interprétations, de même qu'aux quelques compositions originales auxquelles il s'attaqua.

AMOURS TROUBLES

Mais il n'en avait pas que pour la musique. Une fois aménagé dans un petit deux et demie – études collégiales obligeant –, Charles se mit à multiplier les conquêtes. À la suite de Louise, une amie d'enfance avec qui il partagea ses premiers émois, vinrent Nancy et Jeanne, pour qui il se prit de considération mais pas nécessairement d'amour. C'est finalement Sophie, impressionnée par sa virtuosité musicale au point de le surnommer « Charlie » Hendrix, qui le transporta au septième ciel.

Les sentiments qu'il lui portait ne lui garantirent cependant pas la préséance souhaitée dans le cœur de celle qu'il chérissait par-dessus tout. Celle-ci n'avait en effet de cesse de faire allusion à son *ex* en des termes qui semaient le doute et le trouble chez l'amoureux éperdu. Au point où il sentit un jour le besoin de la confronter à ce désolant concert d'éloges. « Coudonc, Sophie, l'aimes-tu encore ce gars-là ? » lui demanda-t-il, en espérant ainsi mettre un terme à la confusion qu'elle avait l'art de semer chez lui.

Pour des raisons fort différentes de celles qu'il aurait souhaitées, l'intervention de Charles ne tarda pas à provoquer des remous chez celle avec qui il partageait sa vie. Quelques semaines plus tard, Sophie retourna à ses anciennes amours. Non sans avoir toutefois laissé un petit mot à celui qu'elle plongeait dans un désarroi comparable au fouillis qui régnait dans l'appartement qu'ils partageaient. *Prends soin de toi, Charles,* pouvait-on lire, *et, si possible, pardonne-moi, Sophie. P.-S. : As-tu déjà pensé à La Flambée ?*

Après de premiers mouvements de ressentiment et de dégoût, qui provoquèrent en lui de véritables haut-le-cœur, Charles se demanda si cette désillusion soudaine ne constituait pas une sorte d'appel à mettre de l'ordre dans sa vie. Sûrement y avait-il dans ce genre de réflexe quelque relent de son expérience religieuse passée, mais l'amoureux éconduit refusait de n'y voir que rejet et catastrophe. Deux de ses amis n'avaient-ils pas vu le cours de leur vie modifié en prenant part à un de ces week-ends de ressourcement et d'éveil spirituel ?

RESSOURCE SPIRITUELLE

Issu du mouvement des Cursillos, l'activité principale de La Flambée s'articule autour d'une fin de semaine de trois jours au cours de laquelle des jeunes de 19 à 25 ans sont invités, avec l'aide d'animateurs expérimentés, à mieux se connaître, à découvrir l'autre et à discerner la place qu'ils sont appelés à occuper dans la vie. Des soirées de ressourcement sont par la suite offertes, aux deux semaines, à ceux et celles qui souhaitent approfondir la démarche d'introspection personnelle et de quête spirituelle qu'ils ont vécue au cours de ces trois jours d'intenses activités.

Une fois surmontée son hésitation à se rapprocher de nouveau d'un groupe à caractère religieux, Charles estima que sa vie se trouvait à ce point chamboulée qu'il ne pouvait se permettre de se montrer indifférent à une ressource susceptible de faire contrepoids au mal-être qui l'habitait. Il se trouva conforté dans son choix lorsqu'il constata que le week-end suivant figurant à l'agenda de La Flambée devait prendre fin un dimanche 21, à 21 heures, le jour de son vingt-et-unième anniversaire de naissance. Hasard, coïncidence, synchronicité ? À défaut d'y voir une intervention divine, les planètes semblaient drôlement alignées !

INTROSPECTION BÉNÉFIQUE

Ce qui frappa Charles à son arrivée à l'école secondaire où la douzaine de gars inscrits se préparait à vivre un peu plus de cinquante heures ensemble, c'est la transformation qu'on avait apportée au décor environnant. Des locaux avaient été vidés de leurs chaises et de leurs pupitres, plusieurs fenêtres avaient été recouvertes d'un épais tissu noir et toutes les horloges avaient été retirées. Si ce dénuement pouvait surprendre, c'est qu'il faisait partie des moyens utilisés pour amener progressivement les participants sur les voies de l'introspection et de l'intériorité.

« Merci de déposer vos montres et vos baladeurs dans les sacs identifiés à cet effet, les enjoignit le préposé à l'accueil. Tout comme la routine, à compter de maintenant, le temps n'existe plus. Ici, il n'y a que vous, l'autre, et ce que vous êtes appelés à devenir ! » Non seulement n'y avait-il plus de temps, mais on les informa qu'il n'y aurait guère plus de télé, de radio et de journaux. Pour cette génération qui ne connaissait pas encore les téléphones intelligents, les tablettes à écran tactile et les ordinateurs portables, il s'agissait là d'un dépouillement on ne peut plus complet.

Les salles réservées à l'usage de La Flambée n'étaient habitées que par une toute petite musique d'ambiance. Il en résultait une atmosphère de recueillement qui, visiblement, ne manqua pas de déstabiliser plusieurs participants plus naturellement enclins à se laisser distraire par ce qui les entourait qu'à se mettre à l'écoute de ce qui les habitait et les façonnait. Un tel renversement de leurs habitudes de vie avait entre autres comme objectif de mettre ces jeunes hommes en contact avec leur vulnérabilité, habitués qu'ils étaient à peaufiner l'image virile qu'ils se croyaient obligés de projeter.

À travers les discussions en profondeur qui se multiplièrent et les exercices axés sur la confiance en soi et la relation aux autres, Charles eut le sentiment de vivre une véritable cure de désintoxication. Tout ce qui lui manquait et qui clochait dans sa vie sembla lui sauter aux yeux dès les premières heures. Au fur et à mesure que les exercices et les rencontres se succédaient, l'amoureux éconduit avait l'impression de vivre un véritable renouveau, se surprenant même à prendre en compte des avenues qu'il ignorait ou qu'il avait jusque-là refusé de considérer.

RÉVÉLATIONS INATTENDUES

Le jeune retraitant n'était cependant pas au bout de ses surprises. À la fin de la seconde journée, un animateur l'invita à venir le rejoindre dans le tout petit local qui lui servait de bureau. « Tout va bien, Charles, tu apprécies ton expérience jusqu'à maintenant ? » demanda l'homme en lui remettant deux enveloppes adressées à son nom. « Tiens, je te laisse à ton courrier », ajouta-t-il avant de quitter les lieux.

Même si l'endroit n'était éclairé que de quelques chandelles, Charles reconnut rapidement l'écriture de ses parents. La lettre rédigée par sa mère avait les allures d'une véritable déclaration d'amour. Les tout premiers mots – *Mon beau Charles* – produisirent un effet comparable au plus agréable des câlins maternels. Heureusement qu'une boîte de mouchoirs avait été déposée à proximité, car le destinataire improvisé ne put retenir ses larmes.

Ce n'est qu'après avoir pris le temps de soupeser la seconde enveloppe qu'il en retira le contenu, une lettre de deux pages entièrement rédigée à la main par son père. L'homme y relatait ce qui lui était apparu comme les moments les plus intenses passés en sa compagnie en plus de prendre bien soin de lui exprimer toute la fierté qu'il éprouvait de le voir évoluer de si belle façon. *Sans toi, la vie ne serait pas du tout la même*, écrivait-il en conclusion, avant de signer : *Ton père qui t'aime*. Des mots qu'il n'avait jamais osé dire et encore moins écrire.

Rien de ce que Charles avait cumulé de succès et d'échecs, d'avancées et de reculs, de bonheurs et de désillusions ne rivalisait d'intensité avec ce qu'il lui était donné de vivre à ce moment précis. D'autant plus que ce témoignage d'amour provenait d'un homme issu d'une génération trop souvent coupée de ses émotions, trop encline à demeurer à la surface des choses et à se contenter de non-dits. Pour Charles, il s'agissait du plus beau cadeau qu'un enfant puisse recevoir de ses parents.

Le week-end se termina sur une note en tous points comparables. Question de maintenir les participants en déséquilibre, les animateurs avaient invité parents et amis proches à se réunir dans une salle attenante afin d'accueillir ceux qui venaient, pour la plupart, de vivre un des moments les plus intenses de leur vie. Ce fut là l'occasion pour Charles d'étreindre ses parents de toutes ses forces et de dire à ses amis, et particulièrement à ceux de qui il s'était éloigné, à quel point ils avaient de l'importance à ses yeux.

De quoi boucler la boucle d'un tout petit message griffonné sur un billet déposé sur le comptoir d'une cuisine au moment d'une séparation.

Sous l'œil de Gustave

Le rappel de l'expérience vécue par Charles ramène chaque fois à ma mémoire l'intervention de Loïc, un jeune de 11 ans, dans le cadre d'un atelier que nous animions, il y a de cela quelques années, dans une école de la Côte-Nord. « La sensibilité, de toute façon, c'est pas juste donné en option aux filles ! » lança-t-il quelques minutes avant que l'animation prenne fin.

Voilà une déclaration qui vint confirmer mon ami Stéphane dans la mission qu'il s'était donné. Lui qui répète à qui veut l'entendre que « l'intelligence du coco » n'a d'égale que « l'intelligence du cœur », et que c'est à coup de petits gestes et de petites actions posées dans le cadre du quotidien que ce que les adultes appellent « l'intelligence émotionnelle » se développe, il s'est trouvé fort aise de constater que son message atteignait la cible peut-être plus souvent qu'il n'était parfois porté à le croire.

Politesse, empathie, écoute et conscience de l'autre sont des valeurs chères au cœur de tout parent, enseignant, éducateur et animateur désireux d'avoir un impact sur la vie des jeunes qui les entourent. N'y a-t-il cependant pas meilleure façon de les inculquer que de les mettre soi-même en pratique ? La transmission des valeurs que nous voulons privilégier passe certes par l'établissement d'un certain nombre de règles, de même que par une forme plus ou moins rigide d'encadrement, mais jamais rien ne compensera ou ne surpassera une éducation basée sur l'exemple.

DONNANT, DONNANT

De la somme des expériences qui l'ont amené à devenir animateur de vie spirituelle et d'engagement communautaire, celle vécue lors de cette fin de semaine de La Flambée occupe une place prépondérante pour Charles. Fruits de la réforme abolissant le statut confessionnel de l'école publique en 2000 au Québec, ces animateurs et animatrices ont comme rôle d'accompagner les jeunes dans leur découverte d'eux-mêmes ainsi que dans leurs relations avec les autres.

Pour Charles, il s'agit d'une occupation qui dépasse largement le simple engagement professionnel. Comme il n'est pas strictement confiné à un programme d'enseignement précis, il a le sentiment, que pour rejoindre le cœur de ceux et celles qui lui sont confiés, il n'a qu'à redonner ce qu'il a reçu. « Je fais une différence, c'est clair, mais j'essaie aussi d'être cette différence », me confiait-il récemment, peu de temps après une période où il venait de discuter spiritualité avec ses jeunes tout en poussant quelques riffs de guitare à la Jimmy « Charlie » Hendrix.

Ses deux lettres, Charles les conserve précieusement. Elles lui sont encore d'un grand secours lorsque certains jours lui apportent leur lot de fausses notes. Pour ce qui est de Sophie, le gaillard de près de deux mètres l'a croisée, tout récemment, au hasard d'une journée de magasinage au centre commercial. Loin de lui en vouloir et à la grande surprise de la femme qui tenait par la main ses jumeaux de cinq ans, il en profita pour la remercier de l'avoir incité à vivre une expérience qui donna finalement sens, non seulement à une rupture qui avait toutes les allures d'une catastrophe annoncée, mais également à toute une vie.

Comme quoi un événement éprouvant constitue souvent une occasion d'emprunter de nouvelles routes menant à la rencontre de soi-même…

La mémoire se perd : mais l'écriture demeure.

Proverbe oriental.

ATTITUDES L.E.A.D.E.R.S

Le moment fort de notre formule *Camp d'un jour* offerte aux jeunes de 11 à 13 ans demeure sans nul doute la remise des lettres écrites de la main de leurs parents. Contactés en secret préalablement à la tenue de l'événement, ceux-ci sont appelés à rédiger un texte exprimant les sentiments qui les animent envers leur enfant. Une fois la surprise passée, quand ce n'est pas carrément le choc, les commentaires des jeunes vont pratiquement tous dans le même sens : « Mes parents m'ont écrit des choses qu'ils n'ont jamais osé me dire auparavant ! », « C'est l'un des plus beaux cadeaux qu'on m'ait jamais fait ! », « Je n'en reviens pas qu'ils aient pris tout ce temps pour moi… »

Écrire une lettre à son enfant, de surcroît à la main, apparaît dépassé aux yeux de plusieurs. La cadence effrénée qui rythme nos vies n'est pas toujours compatible avec ce genre d'exercice exigeant temps, réflexion et mise en place des idées. Mais il n'en demeure pas moins porteur de toute une gamme de sentiments. Rappelons-nous l'excitation ressentie lorsque, tout jeunes, nous trouvions dans la boîte aux lettres une missive ou un colis qui nous était directement adressé. Même si la livraison du courrier à domicile est en phase de disparition, la possibilité de créer le même effet de surprise et de ravissement demeure toujours.

Qui sait, peut-être n'aurions-nous pas à fouiller bien longtemps pour trouver une ou deux lettres enflammées conservées précieusement – et souvent secrètement ! – depuis l'époque de nos amours d'adolescence. Quelqu'un qui nous était cher s'était appliqué à exprimer ses sentiments les plus intimes et à les poser sur papier, puis avait pris le temps de nous adresser le tout précieusement et de se déplacer jusqu'à une boîte aux lettres pour en assurer la livraison. Un processus qui, bien que désuet au regard de la technologie moderne, n'en demeure pas moins engageant et porteur de sens.

Quoi qu'on en dise ou qu'on en pense, les écrits défient l'éphémère ; tout comme les yeux, ils sont le miroir de l'âme. Des testaments d'amour filial comme ceux qui sont adressés à nos jeunes du *Camp d'un jour* se trouvent parmi les plus magnifiques legs que nous puissions laisser à nos enfants. Il n'en tient qu'à nous de perpétuer le mouvement. Alors sortons crayons, stylos, autocollants et photos, et couchons sur papier ces sentiments qui, enfouis au fond de nos cœurs, tardent depuis si longtemps à s'exprimer.

Les jeunes sont en camp de vacances, chez mamie, ou se préparent à partir chez un ami pour le week-end ? Voilà les moments tout indiqués pour cacher des mots-bonheur dans leur valise, ou encore, pour s'en remettre à la poste afin de créer l'effet de surprise. Animé d'un désir de produire un petit supplément d'originalité ? Soufflons un ballon et inscrivons-y quelques phrases-sourires. Une fois dégonflé, mis dans une enveloppe et gonflé à nouveau, celui-ci ne manquera pas de surprendre son destinataire. Quelle que soit la manière, n'hésitons pas à habiller nos sentiments de mots. Et ne nous inquiétons pas des conjugaisons malheureuses et des malencontreuses fautes d'orthographe. L'acte d'écrire, lorsqu'il prend sa source à même un élan du cœur, fait vite écran à l'inaccessible perfection.

Ainsi inspirés, nos enfants risquent d'avoir à leur tour le goût de conjuguer le verbe aimer sous forme de lettres et de mots.

Rappels inspirants

- ✔ Rien de ce que Charles avait cumulé de succès et d'échecs, d'avancées et de reculs, de bonheurs et de désillusions ne rivalisait d'intensité avec ce qu'il lui était donné de vivre à la lecture de la lettre de sa mère.
- ✔ « L'intelligence du coco » n'a d'égale que « l'intelligence du cœur ». C'est à coup de petits gestes et de petites actions posées dans le cadre du quotidien que ce que les adultes appellent « l'intelligence émotionnelle » se développe.
- ✔ Politesse, empathie, écoute et conscience de l'autre sont des valeurs chères au cœur de tout parent, enseignant, éducateur et animateur désireux d'avoir un impact sur la vie des jeunes qui les entourent. N'y a-t-il cependant pas meilleure façon de les inculquer que de les mettre soi-même en pratique ?

Kim
La différence incarnée

Bien que je me sois permis de coiffer les lignes qui suivent de son prénom, c'est bien de *Madame* dont il s'agit. De cette grande dame de la scène et de la télévision québécoise qui a envoûté des générations d'enfants et de jeunes par sa façon tout à fait personnelle et unique de raconter des histoires. Pour ceux qui ont connu la télé en noir et blanc, elle aura été Fanfreluche. Pour ceux de la génération Passe-Partout, c'est dans son rôle de grand-mère qu'ils l'auront découverte. Mais pour moi, elle n'est pas Kim, ni même madame Yaroshevskaya. Elle est, et demeurera à jamais, Fanfreluche. Ma Fanfreluche !

Placée chez une tante montréalaise lors de son arrivée en provenance de Moscou alors qu'elle était âgée d'à peine dix ans, la petite Kim rêvait de devenir ballerine. Sa frêle constitution ne lui permettant pas de réaliser ses ambitions, elle se tourna alors vers le dessin et le théâtre. Mais c'est l'arrivée de la télévision, au début des années 1950, qui donna le ton à sa carrière débutante. Trouvant que les danseuses de ballet ressemblaient à des poupées, elle créa, au bénéfice des toutes premières émissions pour enfants, le personnage de Fanfreluche, une poupée vivante qui prenait place sur une chaise surdimensionnée en s'accompagnant toujours d'un immense livre de contes dans lesquels elle n'hésitait pas à intervenir lorsque le déroulement de l'histoire ne lui apparaissait pas suffisamment évocateur. Une mise en scène qui s'avérait une véritable fourmilière pour l'imagination !

À l'époque, Kim Yaroshevskaya était l'une des seules intervenantes en animation jeunesse à utiliser les contes pour rejoindre un jeune public. « Le conte est la plus vieille forme d'expression humaine, confia-t-elle, plusieurs années plus tard, dans le cadre d'une interview accordée au journal *Le Libraire*. C'est une mini-pièce de théâtre, à la base de toutes les autres formes de littérature. Un bon conte, c'est une sorte de témoignage de la vie, qui est à la fois une comédie, une tragédie. On passe toujours un message, quoi qu'on dise. »

Mais au-delà de la prédisposition naturelle qu'elle avait pour donner vie à une histoire, réelle ou inventée, Fanfreluche avait une façon bien à elle de composer avec la caméra. En fixant directement l'objectif de ses grands yeux bleus, elle donnait l'impression – que dis-je, la certitude – à chaque enfant se trouvant devant l'écran d'être l'objet unique du récit de la conteuse. Elle réussissait à créer de tels liens d'intimité que les messages que recelaient ses contes résonnaient longtemps dans le cœur des tout-petits. Sans jamais verser dans la sentimentalité mièvre, la poupée conteuse avait l'art de renvoyer chacun de ses amis téléspectateurs à leur capacité à trouver en eux-mêmes des solutions à leurs petits ennuis et à entreprendre des actions en conséquence. Fanfreluche, un véritable maître ès arts en éducation et en art de vivre.

RENCONTRE INÉDITE

Si à cette époque, on m'avait dit qu'un jour j'allais me retrouver aux côtés de celle qui savait si bien bercer mes rêveries d'enfant, jamais je ne l'aurais cru. Fanfreluche m'apparaissait trop hors dimension pour que je puisse un jour m'en approcher. Pourtant, c'est bel et bien ce qui s'est produit. Désigné pour l'accueillir dans le cadre d'un colloque portant sur l'estime de soi, voilà que je me suis retrouvé dans la même pièce qu'elle à quelques minutes de la présenter aux centaines de participants qui peinaient à cacher leur impatience de la voir et de l'entendre.

« Madame Yaroshevskaya ? » lui dis-je, en m'avançant vers elle tout doucement, de crainte de voir s'enfuir la magie du moment de grâce qu'il m'était donné de vivre. « Monsieur...? » me répondit-elle, en se retournant vers moi et en me fixant du regard, comme à l'époque où la caméra faisait un gros plan du visage de Fanfreluche, au moment où l'historiette qu'elle racontait prenait une tangente inattendue. « Monsieur, reprit-elle, en enveloppant mon visage de ses deux mains, vous avez prononcé mon nom tout à fait correctement ! »

Je suis à ce point retombé sous le charme de cette voix envoûtante et de ce regard si pénétrant que je ne me souviens même pas de ce que l'on s'est dit par la suite. Certes ses mains arboraient le passage du temps, et ses paupières quelques méandres de l'existence, mais sa beauté, celle de l'enfance éternelle de Fanfreluche, était intacte. Elle demeurait une beauté naturelle, qui n'avait pas besoin d'écran cosmétique pour rayonner. Bien qu'octogénaire, elle irradiait de cet éclat qui prend origine dans les profondeurs de l'âme, là où demeurent à jamais enfouis les élans de folie de notre enfance. Avant même que j'aie eu le temps de reprendre mes esprits, Fanfreluche, ma Fanfreluche, m'avait reconnecté à mon cœur d'enfant.

Soyez-en remerciée, *Madame.*

Sous l'oeil de Gustave

Le devoir de tout **A**dulte **S**ignifiant de faire et de devenir la différence, de la manière dont Kim a su l'être tout au cours de ces années, ne peut être mieux illustré que par l'analogie du *degré supplémentaire*. Théorie développée dans le livre de S. L. Parker, *100°, Le degré supplémentaire*, que tout parent, enseignant ou jeune en quête de sens trouverait avantage à lire, cette référence au degré *de plus* teinte chacune des animations de Stéphane.

L'image est on ne peut plus explicite. À 99 degrés Celsius, l'eau est chaude ; très chaude même. Mais à 100 degrés, elle bout. Et lorsqu'on la maintient en état d'ébullition, elle crée de la vapeur, suffisante pour faire avancer un train. Ainsi, même si un seul petit degré différencie les deux niveaux de température, c'est lui qui fait toute la différence.

« À compter d'aujourd'hui, exhorte l'auteur en début d'ouvrage, engagez-vous à fonctionner à 100 degrés dans tout ce que vous ferez. Ancrez cet engagement dans votre pensée, au fond de votre être. Appliquez-le à vos actions. Cela aura assurément pour effet d'accroître vos résultats de manière positive et, dans bien des cas, de manière exponentielle. »

Marthe et Paul-Henri, les parents de Stéphane, sont de ceux qui ont saisi le principe bien avant que Samuel Parker s'approprie l'idée et la développe. C'est ce qui les a amenés à sans cesse répéter à leur fils, mon ami, que « tant qu'à faire quelque chose, il vaut mieux bien le faire. » Persévérer, fournir le petit effort de plus, ne pas toujours mesurer sa participation à l'aune de ce qu'il nous en coûte, voilà ce qui risque de faire avancer ce qui apparaissait, hier encore, indélogeable et irréalisable.

Qu'il s'agisse de l'enseignant qui accueille ses élèves en les interpellant par leur prénom chaque matin, du parent qui ne se montre pas avare de bravos à l'égard des réussites de son enfant, de l'entraîneur qui inculque à ses joueurs le goût du dépassement, du préposé au service qui se soucie de déceler, avant même qu'ils les aient exprimés, les besoins de ses clients, ou du patron qui n'hésite pas à reconnaître et à souligner les bons coups de ses employés, nous avons tous le pouvoir d'engendrer le degré supplémentaire qui fera toute la différence.

Encore importe-t-il de prendre conscience que c'est à nous qu'il appartient de régler la température...

HÉROS INSPIRANTS

Si nous voulons que nos interventions auprès des jeunes produisent la différence escomptée, il nous faut, avant de prendre quelque initiative que ce soit, revisiter notre propre enfance et replonger dans ce qui en constitue les moments les plus précieux. C'est ce qu'évoqua éloquemment ma brève rencontre avec celle qui incarnait à la fois la candeur de l'enfance et la beauté intérieure. En démontrant à ce point d'attention à mon endroit du simple fait que j'aie prononcé son nom correctement, *Madame* m'a replongé au cœur même du sentiment de reconnaissance que Fanfreluche suscitait en moi, trente ans plus tôt, chaque fois qu'elle posait son regard à travers la lentille de la caméra.

Merci, Kim. Par le biais de vos contes d'autrefois, et à travers l'élégance du cœur qui continue de teinter votre façon d'être et de faire, vous possédez l'art de nous inculquer ce sentiment d'être quelqu'un d'important. Puissent les enfants devenus adultes que nous sommes porter ce même regard aux jeunes qui nous entourent, eux qui demeurent tout aussi avides et impatients que nous l'étions de se faire raconter la vie à livre ouvert.

De vos parents vous apprenez l'amour, à rire et la façon de mettre un pied devant l'autre. Mais quand les livres s'ouvrent, vous découvrez que vous avez des ailes.

Helen Hayes, actrice américaine.

ATTITUDES L.E.A.D.E.R.S

Insuffler une dimension fabuleuse à une histoire, comme savait si bien le faire Fanfreluche, relève du don inné et du talent judicieusement exploité. Mais transmettre le goût de la lecture à des enfants tient des responsabilités premières de tout ***A***dulte ***S***ignifiant. Il s'agit là d'un héritage qui leur permettra non seulement d'influencer le cours des choses, mais d'ajouter la teinte souhaitée aux éventuelles orientations qu'ils souhaiteront donner à leur vie. Ne s'agit-il pas d'un déterminant essentiel qu'il importe de maintenir, sinon de replacer, au sommet de nos priorités en tant que parents et éducateurs ?

Selon l'Organisation de coopération et de développement économiques – l'OCDE –, on donne le nom de *littératie* à « l'aptitude à comprendre et à utiliser l'information écrite dans la vie courante, à la maison, au travail et dans la collectivité en vue d'atteindre des buts personnels et d'étendre ses connaissances et ses capacités » (extrait du rapport *La littératie à l'ère de l'information*, publié le14 juin 2000).

Les mots sont partout. L'acte de lire doit sans cesse être répété, en tous lieux et en toutes circonstances. En ce sens, la réflexion de l'écrivain anglais Samuel Johnson est plus à-propos que jamais : « Ce qu'il y a de mieux que de posséder la connaissance, écrivait-il, c'est de savoir où la trouver. » Notre époque étant façonnée par la circulation d'une quantité exponentielle d'informations de toutes sortes, l'aisance ou la difficulté qu'éprouveront les générations montantes à évoluer en société sera directement fonction des compétences qu'elles auront acquises en matière de lecture et de compréhension de textes. C'est pourquoi il est urgent de susciter en eux l'appétit de lire et d'écrire, et surtout, d'y prendre plaisir.

Heureusement, il existe une kyrielle de moyens aussi simples qu'accessibles pour ce faire. En voici quelques-uns :

- Comme il en est pour bien d'autres choses, l'exemple s'avère, encore et toujours, le meilleur des enseignements. Prenons le temps de lire avec nos enfants : contes, bandes dessinées, livres illustrés, etc. Demandons-leur de nous faire la lecture d'un article de journal ou de magazine portant sur un sujet qui les intéresse : sport, musique, mode, etc. Interrogeons-les sur ce qu'ils retiennent d'une affiche publicitaire ayant attiré leur attention.

- Que ce soit à la maison ou en salle de classe, permettons-nous d'interpréter les histoires que nous leur racontons. N'hésitons pas à moduler nos intonations en fonction des rebondissements du scénario et à agrémenter de gestes et de mimiques les péripéties de certains personnages, de façon à ce que l'exercice de lire soit perçu comme un réel plaisir de même qu'une forme privilégiée de rapprochement entre les gens.

• Célébrons la lecture et l'écriture sous toutes ses formes. Invitons nos enfants à jouer – avec nous ! – à des jeux de société où la manipulation des mots est directement mise à profit. Lorsque les occasions s'y prêtent – anniversaires, fêtes religieuses, naissances, deuils, etc. –, proposons-leur de formuler leurs souhaits de leur propre main – oui, oui, avec un stylo et du papier ! – en faisant usage d'une carte, sans texte préconçu, ou d'une feuille qu'ils pourront agrémenter de dessins et d'illustrations de toutes sortes.

• N'ayons crainte de favoriser l'émergence d'un décor littéraire au sein de notre environnement quotidien : une bibliothèque bien garnie, des livres et des magazines qui traînent un peu partout dans la maison et – pourquoi pas ? – dans la voiture.

• Prenons soin d'inclure à nos activités familiales une visite à la librairie du coin ou à la bibliothèque de notre quartier. Ces endroits proposent régulièrement des activités spécialement conçues pour susciter le goût de la lecture chez les enfants et les jeunes.

• Enfin, n'hésitons pas, toujours en leur compagnie, à nous référer au dictionnaire lorsque l'un ou l'autre membre de la famille se trouve aux prises avec un mot qu'il ne connaît pas ou dont il n'est pas assuré de la signification. Ces objets de référence sont très souvent parmi les plus négligés de nos étagères de livres. Ils ne regorgent pas moins de secrets et de trésors sur l'art de s'exprimer et de bien dire. N'ayons crainte d'abuser de leurs richesses.

Quelle que soit l'approche privilégiée, rappelons-nous que le plus important, ce n'est pas d'amener nos jeunes à lire – et à comprendre ! – des briques de quatre cents pages et plus. Ce qui importe avant tout, c'est qu'ils développent une relation personnelle au livre, qu'il se retrouve sur support papier ou numérique. Même si je ne saurais aujourd'hui vivre sans livres, c'est par le biais de la bande dessinée que j'ai été initié à l'univers de la lecture. N'est-ce pas, de façon certes informelle mais non moins originale, une forme de cinéma projetée sur une matière imprimée ?

Pour ceux et celles d'entre nous qui considéreraient utopique de vouloir initier de jeunes garçons à la lecture, les propos de l'auteure jeunesse à succès Dominique Demers ont de quoi rassurer. « Pour un garçon, écrit-elle, un bon livre est un livre qu'il a envie de lire. De nombreux petits garçons ont découvert le plaisir de lire avec le fameux *Mondial des records Guinness*. Et pourquoi pas ? Ce qui compte, c'est de continuer à les alimenter après leurs premiers coups de cœur afin qu'ils s'épanouissent encore davantage. » Voilà une formule qui est en mesure d'être intégrée à toute approche éducationnelle, que ce soit à la maison ou à l'école.

En ce sens, une idée fort originale a d'ailleurs été développée, entre autres, par l'école Saint-Vincent de Saint-Césaire en Montérégie. Il s'agit de soirées d'animation au cours desquelles des pères sont invités à encourager leur jeune fils à faire des découvertes littéraires en l'accompagnant à travers les rayons de la bibliothèque municipale de l'endroit. De quoi compléter avantageusement les nombreuses heures passées à l'aréna ou au terrain de soccer du quartier.

S'il est une chose à retenir de toutes ces suggestions, c'est que le plaisir de lire et d'écrire, ça se développe. Mais encore faut-il prendre conscience que c'est à nous, ***L***es ***E***x-enfants qui ***A***ident ***D***es ***E***nfants à ***R***éaliser qu'ils sont ***S***péciaux, de leur tendre la main et de leur transmettre, avec conviction et persévérance, cette passion pour les mots. Il s'agit d'un des plus efficaces outils à leur remettre pour relever les défis auxquels la vie quotidienne les confrontera.

Rappels inspirants

- « Le conte est la plus vieille forme d'expression humaine. C'est une mini-pièce de théâtre, à la base de toutes les autres formes de littérature. Un bon conte, c'est une sorte de témoignage de la vie, qui est à la fois une comédie, une tragédie. On passe toujours un message, quoi qu'on dise. » Kim Yaroshevskaya
- À 99 degrés Celsius, l'eau est chaude ; très chaude même. Mais à 100 degrés, elle bout. Et lorsqu'on la maintient en état d'ébullition, elle crée de la vapeur, suffisante pour faire avancer un train. Ainsi, même si un seul petit degré différencie les deux niveaux de température, c'est lui qui fait toute la différence.
- Qu'il s'agisse de l'enseignant qui accueille ses élèves en les interpellant par leur prénom chaque matin, du parent qui ne se montre pas avare de bravos à l'égard des réussites de son enfant, de l'entraîneur qui inculque à ses joueurs le goût du dépassement, du préposé au service qui porte le souci de déceler, avant même qu'ils les aient exprimés, les besoins de ses clients, ou du patron qui n'hésite pas à reconnaître et à souligner les bons coups de ses employés, nous avons tous le pouvoir d'engendrer le degré supplémentaire qui fera la différence.

Gommette

Le deuil assumé

L'adoption se déroula à la vitesse de l'éclair. Guidés par notre désir d'offrir à Audrey un complice qui viendrait faire contrepoids à la torpeur et à la désinvolture des deux chats que nous possédions déjà, deux petites heures de recherche suffirent pour que nous nous retrouvions face à une portée de chiots plus mignons et attendrissants les uns que les autres.

« Oh ! Regardez celle-là, de s'emballer la fille de mon amoureuse à la vue d'une toute petite boule de poils qui peinait à se tenir sur ses pattes. Elle est venue vers moi dès qu'elle m'a vue. Elle est magnifique, vous ne trouvez pas ? Est-ce qu'on peut la ramener avec nous ? » L'enthousiasme spontané d'Audrey soulevait avec une acuité plus grande que jamais les questionnements que sa mère et moi croyions pourtant avoir résolus avant de quitter la maison : pourquoi souhaitions-nous avoir un chien ? Étions-nous pleinement conscients des responsabilités qui en découlaient ? Mais aussi pertinentes que ces interrogations pouvaient s'avérer, sans doute était-il trop tard pour reprendre la réflexion ; le charme candide de la petite bête avait déjà fait son œuvre.

« C'est vrai qu'elle semble la plus énergique de la portée, mais un bouvier bernois, Audrey, ça grandit le temps de le dire. Regarde sa mère, tout à côté, tu ne trouves pas que c'est plutôt imposant comme animal de compagnie ? » Marie-Claude et moi avons bien tenté d'argumenter, de lui faire comprendre qu'un chien de cette taille, ça prend de la place dans une maison, mais c'était peine perdue ; dans le cœur de la jeune fille de sept ans, l'adoption, celle du cœur, était déjà chose faite. Et comme pour consolider une conquête qui lui était déjà assurée, l'animal fit la plus craquante des roulades, puis vint se coucher au pied d'Audrey en la fixant droit dans les yeux, le regard en formulaire de demande d'adoption.

Deux heures plus tard, et un pipi sur mes jeans tout neufs, l'animal dormait profondément dans le moelleux petit panier acheté à la sauvette à l'animalerie du coin. Sans doute ce décor adapté lui procurait-il la sécurité recherchée, parce que les sons qu'émettait la jeune bête rappelaient étrangement, à notre grande surprise, ceux d'un ronfleur. « Que diriez-vous si nous l'appelions Gommette ? demanda Audrey encore sous le charme. Elle se colle spontanément à tout le monde, ça lui irait à merveille, vous ne pensez pas ? » À défaut de trouver mieux, c'est le nom qui fut donné à la nouvelle arrivante.

ATTENDRISSANTE CASSE-PIEDS

Point besoin d'être titulaire d'un doctorat en sciences vétérinaires pour deviner que la *petite dernière de la famille* prendrait du poids encore plus rapidement que nous avions pu l'imaginer. Nous avons en effet vite découvert que son estomac avait des allures de cavité sans fond. Avant même d'avoir atteint son poids définitif – qui allait se situer, comme la moyenne de ses pairs, à soixante-quinze livres –, Gommette se délectait de tout ce qui pouvait être laissé sans surveillance sur les comptoirs, qu'il s'agisse de la viande d'un poulet entier ou d'un pain au complet. Il lui est même arrivé d'avaler tout un sac de bonbons enveloppés sans même prendre la peine de les dégager de leur emballage. Une goinfrerie qui ne perturba même pas, selon ce qu'il nous fut donné d'observer, son système digestif.

Dans son empressement à se manifester, elle ne tarda également pas à développer la fâcheuse habitude de japper à pleins poumons chaque fois que quelqu'un frappait à la porte… avant de s'éprendre d'affection pour celui ou celle qui en franchissait le seuil. Elle apprit également très tôt à se sauver dès que notre attention était portée ailleurs. Et que dire des fois où elle a mis à l'épreuve les murs de l'enclos de trente mètres carrés que nous lui avions fabriqué en guise de lieu d'aisance ; ou de celles où elle s'étendait de tout son long sous la table de la salle à manger, en feignant de dormir, les babines dégoulinantes d'envie à l'idée d'attraper quoi que ce soit qui puisse en tomber ; où elle se mettait à ronfler comme un train, à deux pas de notre lit, au moment même où nous nous apprêtions à sombrer dans le sommeil ; où elle nous fit bondir d'étonnement à la vue de la facture salée correspondant aux soins vétérinaires qui lui avaient été prodigués parce que, par ennui au cours d'une de nos absences plus prolongée qu'à l'habitude, la régente de la place avait grugé et avalé le bas des rideaux du salon ! Les frasques de Gommette étaient à ce point multiples et perturbantes, que celles relatées dans le film *Marley et moi*, qui illustre les mésaventures d'un jeune couple aux prises avec un chien particulièrement indiscipliné, apparaissent comme une sombre caricature de ce que notre emmerdeuse bien-aimée nous a fait vivre et voir.

Mais ces innombrables péripéties furent rapidement reléguées aux oubliettes lorsque le vétérinaire nous fit part de ce qui était devenu inéluctable : après dix années de vie trépidante – et à remplir la nôtre surtout ! – Gommette présentait non seulement un sérieux problème de hanche mais souffrait d'un cancer qui allait inévitablement, et dans un court délai, grandement affecter ses capacités respiratoires. Autrement dit, nous la voler. Je m'en rappelle comme si c'était hier ; c'était jour d'Halloween, que notre fidèle amie affectionnait particulièrement.

Devenue chancelante et haletante presque en permanence, nous avons dû nous faire violence et demander qu'on fasse le nécessaire pour la soulager – définitivement – de ses souffrances. Ce fut loin de constituer une mince décision, car pour chacun de nous, elle était plus qu'un simple animal. Elle était une compagne, une amie, un membre de la famille à part entière,. un refuge fidèle et toujours disponible aux moments où les besoins de proximité et de réconfort se faisaient sentir.

SOUS L'OEIL DE GUSTAVE

S'il est un sujet facile à aborder avec les jeunes, et pour lequel ils peuvent se montrer intarissables, c'est bien les animaux. Les liens qu'en viennent à développer les enfants avec un animal – qu'il s'agisse d'un chien, d'un chat, d'un hamster, d'un perroquet, d'une tortue ou même d'un furet ou d'une salamandre – sont parfois aussi forts que ceux qui les unissent à leur famille et leurs amis. C'est ce qui explique leur peine et leur désarroi lorsque leur animal favori passe de vie à trépas.

Stéphane et moi n'oublierons jamais le désarroi de cette petite fille de huit ans à peine qui était venue nous raconter la façon horrible dont son petit chat avait perdu la vie. Dans un moment de colère mal contrôlée, son père avait littéralement coupé la tête du chaton en claquant une porte trop brusquement alors que l'animal se trouvait dans son encadrement. Est-il besoin d'ajouter que cette jeune écolière mit de longues semaines avant d'être de nouveau capable de conjuguer le verbe aimer à tous les temps ?

C'est pourquoi il importe de ne jamais prendre à la légère – ou pire encore, de banaliser – le genre de relation que peut développer un enfant avec un animal. Parce que c'est souvent son cœur qui se trouve directement concerné.

Même si cela fait déjà un moment qu'elle n'est plus de ce monde, nous nous surprenons encore à imaginer Gommette nous accueillant, fébrile et émoustillée, au moment où nous rentrons à la maison. À la somme de souvenirs qu'elle a laissés dans nos cœurs, nous constatons que nous ne sommes pas prêts de l'oublier, elle qui aimait tant déposer sa tête sur nos pieds ; pour qui le simple mot « promenade » suscitait une cascade de grognements de plaisir ; qui avait non seulement accueilli à la maison, sans regimber, une chatte frêle et errante, mais avait pris un plaisir fou à s'amuser avec la dizaine de chatons dont elle avait mis bas ; qui était transportée de joie lorsque nous lui massions le dos ; qui se montrait infatigable lorsque nous lui lancions son os de caoutchouc, trop grand pour elle ; qui quémandait inlassablement, d'un œil manipulateur ou d'un coup de tête, des caresses dont elle ne se montrait jamais saturée ; qui vouait une véritable passion aux escapades en voiture, oreilles dressées et museau au vent ; qui se réjouissait de la première neige tombée comme s'il s'agissait d'une découverte inédite.

Pour tout ceci comme pour tout le reste, Gommette, nous te disons merci. Par ta candeur et ta crédulité, merci de nous avoir plus d'une fois ramenés à notre humanité ; de nous avoir ouvert les yeux sur des aspects de notre environnement qui nous échappaient ; d'avoir détourné notre regard de ce qui nous irritait pour le poser sur ce qui était en mesure de nous ravir et de nous enchanter ; pour nous avoir sensibilisés à l'importance des petits bonheurs quotidiens.

Et, enfin, merci de nous avoir sans cesse ramenés à l'essentiel : l'amour inconditionnel. Des êtres, des bêtes et de la vie.

On peut juger de la grandeur d'une nation par la façon dont les animaux sont traités.

Gandhi, dirigeant politique
et guide spirituel indien.

ATTITUDES L.E.A.D.E.R.S

Que l'on soit jeune ou plus vieux, le décès d'un animal, surtout s'il était considéré comme un membre à part entière de la famille, ne se vit pas sans heurt et sans difficulté. Dans le cas où c'est un enfant qui s'en trouve principalement affecté, il importe de sympathiser avec lui et de ne pas minimiser l'importance de la perte ou l'intensité de sa peine. Il presse également de ne pas tarder à lui procurer écoute et réconfort. « Ben voyons, ce n'est qu'un oiseau », entend-on trop souvent, comme si la valeur de la vie animale se calculait au gabarit de la bête en question ou à la position qu'elle occupe dans la hiérarchie animalière. Qu'il s'agisse de la jument Fripouille ou de Choupie-la-Tortue, la mort vient rompre un indéniable lien que l'enfant avait établi avec l'animal, et dont tout ***A***dulte ***S***ignifiant se gardera de juger la valeur ou l'intensité.

Même si la mort demeure un concept abstrait pour un enfant de moins de cinq ans, il importe, en évitant toutefois de multiplier les détails susceptibles de causer des inconforts ou des traumatismes, que ***L***es ***E***x-enfants qui ***A***ident ***D***es ***E***nfants à ***R***éaliser qu'ils sont ***S***péciaux les informent, avec tact et franchise, des causes et des circonstances entourant le décès ou la perte de leur animal favori. Par contre, si l'enfant est en âge de concevoir et d'interpréter une telle notion, il s'avère alors essentiel de lui faire comprendre que la mort – et le deuil qui s'ensuit – constitue une étape qui fait intégralement partie de l'existence.

Pour aider un enfant à traverser une épreuve comme celle-ci, il est important que les adultes qui l'entourent l'encouragent à verbaliser ce qu'il ressent, demeurent disponibles pour répondre à toutes ses questions et n'hésitent pas, lorsque la situation s'y prête, à lui faire part de leurs propres expériences de deuil animalier. Lorsqu'elles sont menées avec franchise et ouverture, des discussions du genre peuvent même contribuer à resserrer les liens entre les membres éprouvés d'une même famille. Dans le cas où les échanges peinent à s'établir, il peut également s'avérer utile de considérer le recours à un livre traitant des impacts de la mort d'un animal chez l'enfant.

Étapes prévisibles

Même si le temps finit par faire son œuvre, il serait dommage que ce postulat conduise certains parents ou éducateurs à se désister des responsabilités qui leur incombent face à un enfant endeuillé de son animal. Afin de convenir du moment le plus approprié pour intervenir, voici les trois étapes par lesquelles est appelé à passer tout enfant qui vient de voir se rompre à jamais la relation qu'il avait développée avec sa bête de compagnie.

La négation ou le refus – C'est la phase initiale, celle du choc, qui survient immédiatement après le décès. L'enfant refuse alors de se rendre à l'évidence, allant même à espérer que l'animal revienne à la vie.

Le contrecoup émotif – Il s'agit de l'étape où surgissent la colère, la tristesse et parfois même la culpabilité. Le chagrin ressenti est souvent à la mesure de l'intensité qui caractérisait la relation que l'enfant avait avec son animal de compagnie.

L'acceptation et l'ouverture – C'est le moment où l'enfant reconnaît l'irréversibilité des faits, l'accepte et se montre disposé à accueillir un autre animal dans sa vie. À cette étape cependant, la prudence est de mise. Un remplacement ou une substitution trop rapide, même inspirée des meilleures intentions, peut en effet interférer avec le processus de deuil, provoquant chez l'enfant une impression de trahison en regard du disparu pouvant mener au rejet du nouvel arrivant ou à la multiplication des comparaisons indues avec celui qui l'a précédé.

Certaines actions peuvent être posées afin de faciliter le passage d'une étape à une autre. Il peut s'agir de placer une photo de l'animal décédé dans la chambre de l'enfant, de conserver un objet lui ayant appartenu (gamelle, collier, jouet, etc.), d'inviter le jeune à lui écrire un mot pour lui signifier ses adieux ou de lui faire un dessin pour en perpétuer le souvenir, de planter un arbre en son honneur, ou encore, de l'enterrer dans un espace dûment identifié sur le terrain attenant à la résidence familiale. Ce qui importe avant tout, c'est que le geste posé contribue à conserver chez l'enfant un souvenir heureux de son fidèle compagnon.

Ainsi renforcé par l'expérimentation d'un processus qui lui aura permis de vivre sereinement le deuil de son animal, l'enfant se trouvera davantage conscientisé à la valeur de la vie de même qu'aux multiples responsabilités que comporte l'adoption d'un animal.

Rappels inspirants

- ✔ Il importe de ne jamais prendre à légère – ou encore pire, de banaliser – le genre de relation que peut développer un enfant avec un animal. Parce que c'est souvent son cœur qui se trouve directement concerné.

- ✔ Pour aider un enfant à traverser une épreuve du genre, il importe qu'un ***A***dulte ***S***ignifiant de son entourage l'encourage à verbaliser ce qu'il ressent, demeure disponible pour répondre à toutes ses questions et n'hésite pas, lorsque la situation s'y prête, à lui faire part de ses propres expériences de deuil animalier.

- ✔ Lorsqu'elles sont menées avec franchise et ouverture, les discussions à ce sujet peuvent même contribuer à resserrer les liens entre les membres éprouvés d'une même famille.

Victor

L'autorité qui impose le respect

Alors que la Commission royale d'enquête sur l'enseignement – la commission Parent – remettait son dernier rapport au gouvernement Lesage, Victor débarquait au Québec avec femme et enfants en provenance de son Haïti natal, alors en état d'insurrection quasi permanente. L'application des recommandations de la commission mise sur pied dans la foulée de la Révolution tranquille offrait aux petits Québécois et aux petites Québécoises nombre de privilèges auxquels l'enseignant de carrière n'aurait même pas pu rêver en son pays : droit pour tous à l'éducation, scolarisation obligatoire jusqu'à seize ans, formation approfondie du personnel enseignant et facilité d'accès aux études supérieures sans égard au statut social.

Sur les recommandations de parents et d'amis, Victor élut domicile dans une modeste résidence d'un nouveau quartier résidentiel de la région de Québec. Désireux de s'intégrer le plus rapidement possible à sa nouvelle réalité sociale et économique, il s'empressa de poser sa candidature pour les quelques postes disponibles dans ce qu'on qualifiait désormais d'écoles secondaires *polyvalentes*. « J'irai où on voudra de moi », confia-t-il à son épouse, sans toujours prendre la mesure de la distance qui le séparait de certaines écoles auxquelles il faisait parvenir son curriculum vitae.

C'est finalement une *poly* d'une petite ville située au cœur du Québec, à plus d'une centaine de kilomètres de son domicile, qui lui proposa un premier contrat d'enseignement. Étant donné la distance à parcourir, et les rigueurs de l'hiver contre lesquelles on ne manqua pas de le prévenir, il décida de s'y louer un pied-à-terre du lundi au vendredi. Tout au bonheur de retrouver les siens le week-end venu, il s'accommoda rapidement des quatre-vingt-dix minutes qu'il lui fallait mettre pour rentrer au foyer lorsque la dernière sonnerie du vendredi se faisait entendre.

ACCUEIL MITIGÉ

L'adaptation à la culture et aux méthodes mises en place par le nouveau système éducatif québécois ne s'est cependant pas faite avec la même facilité. Les nouveaux arrivants n'étant pas légion dans les régions rurales du Québec, Victor s'est rapidement heurté aux préjugés et aux méfiances que suscite la soudaine présence de tout étranger dans un milieu établi. D'autant plus si la couleur de sa peau le distingue singulièrement des résidents et des collègues de travail de qui il cherche à se rapprocher.

Comme on peut le deviner, ce ne sont pas ses ados d'élèves qui lui facilitèrent la tâche. Ils furent en effet nombreux à rivaliser d'audace et d'originalité afin de déstabiliser le nouveau prof à la peau d'ébène, d'aucuns lui cachant ses clés de voiture, d'autres lui barrant la route dans les corridors et de plus cinglants esquissant des graffitis désobligeants à son endroit sur le tableau des salles de classe dans lesquelles il enseignait.

De jours en semaines, et de mois en années, Victor réussit, en faisant montre de ce qui avait toutes les allures d'une indifférence vigilante, à composer avec la forme d'intimidation dont il était l'objet. Désireux de se protéger des plus incisifs qui semblaient à la recherche d'un bouc émissaire sur qui relâcher leur excédent de production hormonale, il n'en demeurait pas moins d'une gentillesse et d'une disponibilité de tous les instants envers ceux et celles qui savaient lui témoigner un minimum de respect et de considération.

SURPRISE IMPRIMÉE

Puis vint ce midi de printemps 1983 où l'enfant de ce petit village du centre du Québec que j'étais fut l'objet de la générosité de celui dont je ne finissais plus d'apprécier les nombreuses qualités de pédagogue et de formateur. « Stéphane, me dit-il après que la sonnerie eut annoncé le début de la pause-repas, j'ai un petit quelque chose pour toi. C'est le tout premier exemplaire sorti des presses de l'imprimerie ; il n'est pas encore disponible dans les kiosques à journaux. »

En tournant d'un côté puis de l'autre ce qui avait toutes les apparences d'un livre, je constatai qu'il s'agissait d'un recueil de mots croisés français-anglais qui avait été conçu et réalisé par Victor. « Wow, c'est vous qui avez imaginé et composé tout ça ! m'exclamai-je, en me voyant déjà en train de remplir de lettres les espaces blancs qui recouvraient chaque tableau. Mais dites-moi, me permis-je d'ajouter, pourquoi me le donnez-vous ? Cet exemplaire vous revient, non ? »

« Il y a deux raisons qui m'ont motivé à poser un tel geste, me fit-il comme réponse. La première, secondaire mais non moins significative, ayant trait à ta passion pour les jeux de société. Te souviens-tu d'en avoir fait mention dans un exposé oral un peu plus tôt au cours de l'année ? Mais ma motivation première consiste à vouloir te faire montre de ma reconnaissance ; tu as été l'un des seuls élèves à m'avoir respecté depuis le début de l'année. Sois-en remercié… »

Je demeurai littéralement bouche bée. N'avais-je pas tout simplement démontré à son endroit le respect et la reconnaissance dont j'étais moi-même l'objet de sa part ? À constater l'émotion qui étreignait sa voix, tout laissait croire que mon attitude envers lui n'avait visiblement pas été suffisante pour compenser les affronts dont il avait été l'objet. Trop gentil, toujours prêt à multiplier révérences et courbettes afin de faciliter son intégration, son grand cœur avait finalement servi de paillasson pour un trop grand nombre d'individus, jeunes et adultes, en mal de pouvoir.

Malheureusement. Cruellement.

Sous l'oeil de Gustave

« Toi, tu devais être un chouchou quand tu étais jeune… » peut-on souvent lire dans le regard des enfants lorsque Stéphane fait référence au type de relation qu'il entretenait avec Victor alors qu'il était lui-même étudiant. Pourtant, mon ami n'avait rien des petits préférés qui ont l'heur d'exaspérer ceux et celles qui n'ont pas toujours les bonnes réponses ou les attitudes qui marquent des points.

S'il avait une tendance toute naturelle à témoigner du respect à la personne qui se retrouvait en avant de la classe pour enseigner, c'est que Stéphane ne compte plus les fois où il a pu prendre la mesure de la somme d'efforts et d'implication que nécessitait l'enseignement. À la différence de ceux et celles qu'il côtoyait tous les jours, il était témoin des innombrables heures que Paul-Henri, son prof de père, passait à corriger les travaux et à préparer les cours qui allaient suivre. Sans compter son infinie désolation lorsque ses élèves lui manquaient de respect.

Pour que les élèves fassent montre d'un minimum de déférence envers leurs enseignants, faudrait-il donc les obliger à passer quelques jours à la résidence de ceux et celles qu'ils ne se gênent pas d'invectiver et d'insulter à tout propos ? Il y a tout lieu d'espérer qu'il y a des méthodes moins drastiques pour amener les jeunes à faire les constatations qui s'imposent…

RETROUVAILLES INESPÉRÉES

J'ai malheureusement perdu la trace du fameux recueil qui m'avait été remis ce jour-là. Mais fort heureusement, j'ai récemment eu l'audace de réaliser un souhait que je nourrissais depuis longtemps. Lors d'un déplacement dans la région de Québec, je décidai de partir à la recherche de mon créateur émérite de mots croisés. Nostalgie au cœur et GPS aidant, je me retrouvai sans trop de difficultés face à ce qui, je l'espérais fortement, constituait la demeure de Victor.

Quelle ne fut pas ma surprise – et ma joie ! – de retrouver devant moi, et en tous points reconnaissable malgré ses 86 ans bien comptés, celui que je n'avais pas vu depuis plus de trente ans. Aussi souriant et disponible qu'à l'époque où il m'enseignait les rudiments de la langue de Shakespeare, nous partageâmes un long moment ensemble, évoquant souvenirs et anecdotes ayant ponctué nos parcours respectifs. Envoûté par ses propos qu'il avait l'art de rehausser d'une pigmentation comparable à celle de sa peau, je retardai le plus longtemps possible le moment de lui faire part de ma honte et de ma désolation d'avoir égaré le précieux recueil qu'il m'avait remis.

« Stéphane n'a plus de mots croisés, dit-il à son épouse dès que je me fus ouvert à lui. Irais-tu voir dans la chambre, s'il te plaît ? Je crois qu'il m'en reste quelques exemplaires. » Mon bonheur ne pouvait être plus complet. Non seulement m'étais-je ressourcé à la bonté et à la douceur d'un homme qu'on avait trop souvent traité de façon injuste et injustifiée, mais je repartais avec un exemplaire dédicacé de la main de celui de qui je m'inspire aujourd'hui lorsque vient le temps d'aborder les délicates questions de reconnaissance et d'intégration des étrangers.

Jusqu'à ce que je me voie gratifié de ce nouvel exemplaire devenu *vintage* avec les années, j'utilisais le premier imprimé qui me tombait sous la main afin d'illustrer l'interaction qui s'était établie entre monsieur Victor et moi. Grâce à sa générosité – et, surtout, à son souci de ne rien jeter qui vaille ! – il m'est aujourd'hui possible de reprendre la même histoire avec l'authentique objet en main. Cela m'aide à encore mieux affirmer que les préjugés que nous nourrissons à l'égard des étrangers ne sont souvent rien d'autre que le fruit de notre ignorance et de notre étroitesse de cœur et d'esprit.

Que l'on vienne du centre du Québec ou de la perle des Antilles !

L'exemple n'est pas le principal moyen d'influencer les autres. C'est l'unique moyen.

Albert Schweitzer, philosophe
et médecin alsacien.

ATTITUDES L.E.A.D.E.R.S

Lorsqu'il est question d'enseignants qui nous ont marqués, je ne peux également m'empêcher de penser à cette prof de français que j'ai eue en cinquième secondaire. Femme d'origine française, elle maniait la langue de Molière comme pas une. Sa compétence n'avait toutefois d'égales que les nombreuses exigences qu'elle posait à ses étudiants. Avec elle, pas question de répéter les mêmes fautes, de laisser passer des verbes mal conjugués ou des participes passés mal accordés. S'exprimer clairement, et le faire sans faute, constituait pour elle un art de vivre.

On peut facilement deviner qu'elle ne s'est pas fait que des admirateurs parmi les hordes d'étudiants qui ont défilé devant elle au fil des années. Si le réseau Facebook avait existé à ce moment-là, il n'y aurait pas eu à s'étonner de voir certains de ses plus fidèles dénigreurs lui concocter une page calomnieuse. Ce qui était loin de correspondre aux sentiments qui m'animaient à son égard, tout reconnaissant que j'étais envers celle dont l'enseignement faisait directement écho à la maxime du poète et écrivain Nicolas Boileau : « Ce qui se conçoit bien s'énonce clairement et les mots pour le dire arrivent aisément. »

La dynamique prévalant dans nos cours de français prit cependant une tout autre allure lorsque celle que plusieurs considéraient comme une candidate potentielle à l'Académie française dut nous quitter en cours d'année. Remplacée au pied levé par une suppléante plus jeune et moins expérimentée, la transition, du moins dans un premier temps, s'effectua plutôt bien. Tout aussi passionnée par son sujet, mais plus souple quant aux méthodes employées pour nous sensibiliser à la pertinence de la matière, elle nous fit presque oublier celle qui l'avait précédée.

Sa détermination et son enthousiasme se trouvèrent cependant lourdement hypothéqués par sa condition de suppléante dont elle ne put se défaire, étiquette à laquelle un trop grand nombre d'étudiants répondirent par la provocation et l'indiscipline. Ce qui entraîna l'inévitable : on dut remplacer la remplaçante après seulement quelques jours. Ceux qui prenaient plaisir et qui tiraient orgueil à faire régner la confusion et le désordre venaient, une fois de plus, d'avoir le dernier mot. Mais qui sait si en agissant de façon aussi cruelle et arbitraire, ils n'ont pas posé un couvercle sur la passion que nourrissait cette jeune enseignante pour sa profession ?

Un respect qui s'inspire

Une autorité responsable et respectueuse des gens sur qui elle s'exerce est un élément nécessaire au bon fonctionnement de tout groupement ou communauté. Même si plusieurs la perçoivent comme vaine et contraignante, elle est tout de même garante de l'ordre et génitrice d'espaces de liberté permettant à chacun de s'exprimer et de se faire valoir. Ce que ne sera jamais en mesure d'assurer une direction indisciplinée et confuse.

Le respect de soi et de l'autre n'est pas une attitude innée chez l'être humain. C'est pourquoi il importe de sensibiliser nos enfants, dès leur plus jeune âge, à cette élégance du cœur qui les aidera à établir, leur vie durant, des relations authentiques et enrichissantes. Bien que la qualité du regard que l'***A***dulte ***S***ignifiant porte sur l'enfant constitue un facteur déterminant à cet égard, il importe de nous rappeler que l'exemple demeurera toujours l'approche la plus convaincante.

Pour que nos enfants et nos jeunes deviennent ***L***es ***E***nfants qui ***A***ident ***D***es ***E***nseignants à ***R***éaliser qu'ils sont ***S***péciaux, il est de notre devoir de valoriser nous-mêmes celui ou celle qui a charge d'éduquer et de former en faisant montre d'une attitude manifestant clairement le respect que nous devons à sa vocation.

En itinérance dans les écoles de façon permanente, je constate chaque jour à quel point la très grande majorité des enseignants et des enseignantes mérite tout notre respect et notre considération. Tout manque de déférence et d'attention envers l'un d'eux mine l'ensemble de notre système d'éducation qui, affaibli, peinera à remplir sa mission. C'est pourquoi, lorsqu'un problème de respectabilité se pose entre un enseignant et un élève, l'ouverture et le dialogue demeurent la clé de voûte à la solution des problèmes, le dénigrement et l'affrontement n'étant qu'une forme déguisée d'inhumanité et de violence.

Rappels inspirants

- ✔ Pour que les élèves fassent montre d'un minimum de respect envers leurs enseignants, faudrait-il donc les obliger à passer quelques jours à la résidence de ceux et celles qu'ils ne se gênent pas d'invectiver et d'insulter à tout propos ?
- ✔ Les préjugés que nous nourrissons à l'égard des étrangers ne sont souvent rien d'autre que le fruit de notre ignorance et de notre étroitesse de cœur et d'esprit.
- ✔ Une autorité responsable et respectueuse des gens sur qui elle s'exerce est un élément nécessaire au bon fonctionnement de tout groupement ou communauté. Même si plusieurs la perçoivent comme vaine et contraignante, elle est tout de même garante de l'ordre et génitrice d'espaces de liberté permettant à chacun de s'exprimer et de se faire valoir.

Toi

La vie à chaque instant

À : Tous les enfants

De : Gustave

Note : Merci de faire suivre à tout *ex-enfant* intéressé

« Vedette », c'est ainsi que me surnomme souvent mon ami Stéphane. Vedette, un sobriquet qui te surprendra sûrement pour une bricole comme moi ; un mot qui te fait peut-être rêver et auquel tu associes probablement gloire, célébrité, richesse et privilèges de toutes sortes. Ta réaction, on ne peut plus normale, est celle de bien des jeunes de ton âge. Mais savais-tu que c'est une notion qui rebute bien des gens, des adultes surtout, parce qu'elle leur apparaît illusoire et inatteignable ?

Mais laisse-moi te rassurer tout de suite. Dans ton cas, tu n'as rien à espérer ou à envier à qui que ce soit puisque tu es déjà une vedette. Oui, oui, une vedette… qui s'ignore peut-être, mais une vedette bien réelle, en devenir et à l'affiche. Du film de ta vie.

ACTION !

C'est ce à quoi la vie te convie chaque matin : jouer le rôle qui est le tien dans un tournage censé s'échelonner sur toute une existence. C'est du sérieux, avoue ! D'autant plus que tu disposes d'une distribution de rêve. Dans le rôle de l'acteur principal – toi – tu te retrouves dirigé par les meilleurs réalisateurs au monde : tes parents, tes enseignants ainsi que tous ceux qui sont autour pour te guider. Les rôles secondaires ou figuratifs, mais non moins importants, sont personnifiés par les gens que tu côtoies ou que tu croises dans la vie de tous les jours. Le déroulement de l'intrigue, que les *grands* appellent le scénario, est symbolisé par les choix que tu fais, alors que les péripéties et les rebondissements sont directement inspirés des défis que tu auras appris ou que tu apprendras à relever avec succès.

Tu t'inquiètes peut-être du fait que je n'aie pas encore fait mention des millions de dollars que commande habituellement un statut de vedette comme le tien. Sois sans crainte, tu vas être payé, et grassement à part ça. Mais en dollars-mérites plutôt qu'en argent sonnant. Ça fait moins lourd à transporter et ça vaut pas mal plus cher à la bourse du bonheur. Ainsi, pour chaque petite réussite quotidienne – un rendement scolaire bonifié, un comportement social amélioré, etc. – la monnaie-mérite obtenue sera réinvestie dans le film de ta vie, question de te permettre de passer à la scène suivante animé d'une confiance sans cesse renouvelée. Et bonne nouvelle : ta fonction ne se limite pas à occuper le premier rôle. En tant que principal artisan du chef-d'œuvre annoncé, tu as aussi ton mot à dire dans le montage final, c'est-à-dire dans l'ordre et l'agencement des séquences illustrant tes exploits et tes mésaventures.

Tu te retrouves donc sans cesse devant un choix à faire : devenir acteur de ta propre vie ou te limiter au rôle de spectateur en regardant défiler à l'écran ce que la vie te donnera à voir. Autrement dit, faire partie du défilé ou regarder passer la parade. Comme ceux qui ont fini par se laisser convaincre qu'ils étaient nés pour un petit pain. La recette pour faire le bon choix n'est pourtant pas compliquée : tu *vitamines* tes journées en couleurs ou tu *vis ta mine* en noir et blanc.

ACTION-RÉACTION

C'est le dalaï-lama, un grand sage parmi les hommes sensés et avisés, qui disait un jour : « Il n'y a personne qui soit né sous une mauvaise étoile, il n'y a que des gens qui ne savent pas lire le ciel. » Encore faut-il que tu lèves les yeux de ton écran – de télé, d'ordinateur, de tablette et de téléphone portable – et que tu portes ton regard en direction de tes possibilités, qui elles, ne peuvent prendre vie que dans l'action.

C'est l'élan qui donne du mouvement aux choses et qui provoque les occasions de changement. Au cas où tu en douterais, sache que la mise en orbite d'une navette spatiale nécessite à elle seule 71 % de l'énergie totale de propulsion lors du lancement. Tu te rends compte ! Les trois quarts des efforts sont réservés à faire en sorte qu'elle puisse s'envoler. C'est la même chose pour ce qui est de ta vie ; il y a des orientations à prendre et des changements de direction à effectuer qui exigent parfois des efforts considérables. Mais lorsque l'habitude ou l'élan est pris, il n'y a plus rien pour en arrêter la progression.

Sous l'œil de Stéphane

Que dirais-tu si je déposais, ce soir même, à minuit très exactement, 86 400 $ dans ton compte de banque ? À une condition cependant : que tu dépenses chacun de ces dollars inattendus au cours des vingt-quatre heures qui suivront. Pas mal comme proposition, n'est-ce pas ?

Tu pourrais en faire ce que tu veux, dans la mesure où cela serait susceptible de contribuer à ton bonheur ou à celui des autres : te procurer tous les vêtements dont tu rêves depuis longtemps, adopter un chien – ou acheter le chenil au complet si tu veux ! –, entreprendre un voyage autour du monde avec tes parents et amis, louer une loge pendant toutes les séries éliminatoires pour voir jouer ton équipe préférée. Ton imagination constituerait ta seule limite.

Il te faudrait cependant te conformer à la seule règle du jeu qui consiste à ne pas cumuler ou dissimuler cet argent. Non seulement devrais-tu tout le dépenser, mais tu devrais même fournir la preuve de ce que tu en aurais fait, car dès minuit le lendemain, tout ce que tu n'aurais pas dépensé ou investi te serait enlevé. Illusoire ? Invraisemblable ? Attends un peu de connaître la suite.

Je vais probablement te surprendre, mais tout ceci existe bel et bien. Et tu en es même le gagnant tous les jours. En effet, chaque fois que minuit sonne, la vie dépose une nouvelle somme de 86 400 secondes dans le compte de tes expériences de vie à venir. Quatre-vingt-six mille quatre cents secondes, c'est le nombre de secondes comprises dans 24 heures. À chaque jour donc, la vie met à ta disposition 86 400 secondes dont tu peux disposer à ta guise pour vivre des expériences – humaines, de préférence – de toutes sortes.

À titre d'exemple, une journée à l'école requiert environ 20 000 secondes de ton temps. N'hésite donc pas à profiter de ces moments privilégiés pour acquérir ce qui te permettra de foncer dans la vie avec confiance et assurance. Et n'oublie pas : même si la somme peut paraître imposante lorsque déposée dans ton compte d'expériences à venir, les secondes filent rapidement ; et d'autant plus vite si elles ne sont pas utilisées à générer du bonheur en soi et dans le cœur des autres. Alors, ne boude pas ta chance ! D'autant plus que tu es assuré de te voir chaque jour gratifier de 86 400 secondes toutes neuves après que ton compte aura été remis à zéro.

Comme le dit souvent Stéphane, aujourd'hui étant le premier jour du reste de ta vie – ça fait cliché, je sais, mais c'est tellement vrai ! –, le temps est venu de prendre conscience du pouvoir bien réel qui t'est offert – 86 400 secondes à la fois – de faire toute une différence dans le film de ta vie, de même que dans celle de toute personne qui sera invitée à jouer dedans. Alors, fonce et vas-y, mais n'oublie surtout pas que c'est à la façon d'aborder les défis qui se présenteront à toi, plutôt qu'à la somme des solutions que tu apporteras aux problèmes qui se présenteront, qu'on reconnaîtra si tu as ce qu'il faut pour jouer le premier rôle.

Et si, par malchance ou par hasard, l'intrigue du film de ta vie venait à faire du surplace ou à vouloir se terminer en queue de poisson, n'hésite surtout pas à demander de l'aide. Il s'agit là d'une marque d'intelligence et non pas de faiblesse ! Ce faisant, tu constateras qu'une foule de partenaires de jeu – des plus expérimentés pour la plupart – n'attendent qu'un signe de toi pour te donner la réplique.

D'autre part, ne t'en fais surtout pas si tes premières apparitions à l'écran ne passent pas à l'histoire. Comme tout métier, l'expérience dans l'interprétation d'un rôle, ça vient de la somme des essais et des erreurs. Plutôt que de te laisser gagner par le découragement, prends exemple sur ceux et celles qui ont eu à surmonter l'effet démotivant de premières mauvaises critiques. Je pense au jeune Albert Einstein qui éprouvait des difficultés de toutes sortes à l'école. S'il n'avait pas cru en lui, et braqué son regard sur ses carences plutôt que sur ses forces, jamais il ne serait devenu le réputé physicien que l'on connaît. Alors dépêche-toi, prends la mesure de ton potentiel, cherche à toujours mieux te connaître… afin de te faire reconnaître et respecter !

Enfin, tu auras peut-être remarqué que les mots *cadeau* et *présent* sont interchangeables. À bien y penser, ce n'est peut-être pas l'effet du hasard. Qui sait si la meilleure façon de faire un cadeau n'est pas de se faire présent. À soi comme aux autres.

Alors profite bien de tous les moments-cadeaux qui te sont offerts par la vie. Et garde les yeux grands ouverts, parce qu'ils ne repasseront jamais !

Ton ami pour toujours.

Gustave

La plus coûteuse des dépenses,
c'est la perte de temps.

Théophraste, philosophe de la Grèce antique.

ATTITUDES L.E.A.D.E.R.S

Gustave et moi n'oublierons jamais ce groupe de garçons et filles d'une douzaine d'années à qui nous avions demandé, dans le cadre d'une animation scolaire, de dresser une liste de trois talents, compétences, qualités ou traits de leur personnalité dont ils étaient particulièrement fiers. À la fin de l'activité, un des participants nous tendit une feuille où s'alignaient pas moins d'une vingtaine de ces caractéristiques avantageuses. Du jamais vu !

Mais ce qui s'avérait particulièrement intrigant – et encourageant ! – dans cette énumération, c'est qu'elle se terminait par une toute petite exclamation de reconnaissance qui en disait long sur la capacité de discernement et d'appréciation de ce préadolescent. « J'ai de la chance ! » avait-il pris la peine d'ajouter en guise de conclusion.

Ce jeune avait compris que ce qui faisait sa vraie richesse, ce n'était pas le montant de l'allocation hebdomadaire que ses parents lui accordaient, ou encore le salaire qu'il serait en mesure d'exiger la journée où il terminerait avec succès les études qu'il souhaitait entreprendre, mais plutôt les 86 400 secondes qui lui étaient allouées à chaque coup de minuit afin de profiter de la vie et de ce qu'elle était en mesure de lui offrir. Toute une leçon de sagesse et de maturité que nous avait offerte ce jeune homme de douze ans.

Alors fermons nos écrans et tournons-nous vers les autres. Redécouvrons la couleur et la profondeur des yeux des gens qui nous entourent. Apprenons à apprivoiser le silence et la lenteur. Écoutons au lieu de simplement entendre. Personnalisons nos rapports, troquons le clavier pour le bon vieux stylo à bille, offrons des câlins, n'ayons crainte de nous laisser aller à d'authentiques cœur à cœur. Prenons le temps de remercier ce parent, cet enseignant, cet ami, ce commis de boutique pour la bienveillance qu'il nous a témoignée. Assumons pleinement le premier rôle qui nous est dévolu dans le film de notre vie et évitons de multiplier les effets spéciaux pour épater la galerie.

Qui que nous soyons, notre vie est appelée au plus grand des succès. Il serait dommage de la laisser se dérouler à l'écran sans y prendre une part active !

Rappels inspirants

- ✔ Tu te retrouves donc sans cesse devant un choix à faire : devenir acteur de ta propre vie ou te limiter au rôle de spectateur en regardant défiler à l'écran ce que la vie te donnera à voir. Autrement dit, faire partie du défilé ou regarder passer la parade.
- ✔ Il y a des orientations à prendre et des changements de direction à effectuer qui exigent parfois des efforts considérables. Mais lorsque l'habitude ou l'élan est pris, il n'y a plus rien pour en arrêter la progression.
- ✔ Assumons pleinement le premier rôle qui nous est dévolu dans le film de notre vie et évitons de multiplier les effets spéciaux pour épater la galerie.

Remerciements

Merci...

à vous qui vous reconnaîtrez, parents, enseignants, éducateurs, collaborateurs, amis, et qui avez cru en ce que Gustave pouvait créer comme instants-bonheur. Vous et moi avons la même quête : changer le monde un enfant à la fois, être la différence. Ce livre vous est dédié.

Stéphane Paradis

Nous joindre

Nous serions des plus heureux de recevoir vos commentaires à la suite de la lecture de ce livre. Voici nos coordonnées :

gustave.ca

stephane@gustave.ca

facebook.com/GustaveCie

twitter.com/GustaveCie

instagram.com/GustaveCie

pinterest.com/GustaveCie

ca.linkedin.com/in/stephparadis

#DevenonsDesAS

Table des matières